ESPAÑOL LENGUA EXTRANJERA

nuevo ven

Libro del alumno

3

Fernando Marín
Reyes Morales
Mariano del M. de Unamuno

edelsa

GRUPO DIDASCALIA, S.A.
Plaza Ciudad de Salta, 3 - 28043 MADRID - (ESPAÑA)
TEL.: (34) 914.165.511 - (34) 915.106.710
FAX: (34) 914.165.411
e-mail: edelsa@edelsa.es - www.edelsa.es

Primera edición: 2005
Primera reimpresión: 2006
Segunda reimpresión: 2006

© Edelsa Grupo Didascalia, S.A. Madrid, 2005.
Autores: Fernando Marín, Reyes Morales y Mariano del M. de Unamuno.

Dirección y coordinación editorial: Departamento de Edición de Edelsa.
Diseño de cubierta: Departamento de Imagen de Edelsa.
Diseño y maquetación de interior: Departamento de Imagen de Edelsa.

Imprime: Orymu.

ISBN: 978-84-7711-853-4

Depósito Legal: M-44265-2006

Impreso en España / *Printed in Spain*

Fuentes, créditos y agradecimientos:

Fotografías:
• Acción Contra el Hambre: págs. 77, 85.
• Brotons: págs. 14, 120.
• Chema Conesa / EL MUNDO: págs. 62, 66.
• Cordon Press: págs. 38, 122, 136, 137, 146.
• Ediciones Temas de Hoy, S.A.(T.H.): pág.112.
• Editorial Anagrama, S.A.: pág. 143.
• El Deseo S.L.U. (Producciones cinematográficas): pág.132.
• FACUA (Federación de Consumidores en Acción): pág. 50.
• Joseph Aznar: pág. 30.
• Juliette Toro: págs. 26, 31, 34, 96.
• María Sodore: págs. 102, 108.

Ilustraciones:
Ángeles Peinador Arbiza: pág. 41.
Rubén Fernández: págs. 8, 9, 23, 64, 112, 114, 145.
Raquel García: pág. 100.

Notas:
- La editorial Edelsa ha solicitado los permisos de reproducción correspondientes y da las gracias a todas aquellas personas e instituciones que han prestado su colaboración.
- Las imágenes y los documentos no consignados más arriba pertenecen al Departamento de Imagen de Edelsa.
- Las audiciones en las que aparecen personajes famosos son adaptaciones de entrevistas reales. Sin embargo, las voces son interpretadas por actores.

INTRODUCCIÓN

Conscientes de los cambios que afectan a las actuales circunstancias de aprendizaje de lenguas extranjeras, aparece **NUEVO VEN**, realizado conforme a los principios de una enseñanza dinámica y participativa, en la que los alumnos se sienten responsables de su propio proceso de aprendizaje y los profesores convencidos de que el material utilizado asegura la adquisición de la lengua meta.

El planteamiento metodológico de **NUEVO VEN** está avalado por una larga experiencia en el aula: miles de estudiantes en todo el mundo han aprendido español con VEN a lo largo de más de diez años. Por ello, **NUEVO VEN** conserva la claridad metodológica y la facilidad de uso, al tiempo que aplica las recomendaciones y sugerencias del *Marco de referencia europeo*: se articula en torno a las competencias pragmáticas, las competencias lingüísticas y al conocimiento sociocultural.

El *Libro del alumno* de **NUEVO VEN 3** empieza por una Unidad 0 que ofrece al alumno un repaso comunicativo y gramatical de los puntos esenciales de **NUEVO VEN 2**. Se estructura en 12 unidades organizadas de acuerdo con unas secciones que responden a una clara idea del proceso de aprendizaje. Cada unidad empieza por secciones de *Compresión auditiva* y de *Comprensión lectora* en las que se trabajan diferentes tipos de textos y audiciones mediante actividades de control de la comprensión y trabajo del léxico. En la sección *Lengua* se consolidan las formas y estructuras gramaticales que aparecen en la unidad. En el *Taller de escritura* el alumno redacta diferentes tipos de escritos a partir de un modelo. Por último, en 8 de las 12 unidades aparece la sección *Tertulia*, en la que los alumnos se expresan y debaten a partir del tema de la unidad. En las otras 4 unidades, el alumno descubre varias realidades socioculturales de España a través de secuencias del vídeo *España en Directo*. La cultura está presente en todas las secciones a través de los diferentes documentos que permiten analizar distintos fenómenos, usos o realidades de la cultura de España e Hispanoamérica.
Además, al final del libro presentamos tres modelos de exámenes del DELE Intermedio.

NUEVO VEN 3 se completa con un *Libro de ejercicios* en el que se refuerza el trabajo de las destrezas receptivas: comprensión auditiva y comprensión lectora. Se da mucha importancia a la competencia gramatical a partir de un trabajo sistemático de los exponentes gramaticales de cada unidad. Se amplía el léxico y se trabajan frases hechas y expresiones figuradas. El *Libro del profesor* incorpora, además de las transcripciones del *Libro del alumno*, la clave de los ejercicios y las sugerencias de explotación. Como novedad añadida, el vídeo *España en directo* es el complemento idóneo de **NUEVO VEN 3**, ya que aporta un soporte visual y facilita al alumno datos culturales de interés sobre España. Su uso está integrado en cuatro unidades del libro.

Al terminar **NUEVO VEN 3** el alumno será capaz de comprender una gran variedad de tipos de texto y de expresar ideas argumentando de manera eficaz. Todo ello corresponde al nivel B2/B2+ de las directrices del *Marco de referencia europeo*.

Los autores

lingüísticas	Conocimiento sociocultural
léxica	
• Especialidades médicas. • La salud.	• Salud y sociedad. • El mercado en España.
• Vida en la ciudad. • Descripción del carácter de alguien.	• Hispanos en Estados Unidos. • Vida cotidiana en España y en Estados Unidos.
• Las profesiones. • Los estudios universitarios.	• La universidad en España. • Tipo de profesionales que buscan las empresas.
• Perfil psicológico. • Las adicciones modernas.	• Uso del teléfono móvil. • Uso educativo de páginas de la red. • Adicciones.
• La justicia. • La seguridad vial.	• La justicia en España. • El carné de conducir por puntos.
• Medio ambiente. • Desastres naturales.	• Vulnerabilidad medioambiental de algunos países. • La ayuda humanitaria.
• Sentimientos. • Personalidad.	• Acercamiento a la poesía de Pablo Neruda.
• Mundo laboral y hogar. • Formas de vida.	• La mujer y el mundo laboral en España. • Nuevos estilos de vida en España.
• Periodismo y riesgo. • La prensa.	• Periodismo de guerra y de investigación en España. • La prensa en España.
• Géneros cinematográficos. • Las emociones.	• El cine español e hispanoamericano.
• Comida. • Restauración.	• Grandes cocineros españoles. • El tapeo.
• La ciencia. • El hombre y las máquinas.	• La ciencia ficción en el siglo XIX. • Los adelantos científicos actuales.
• DELE 3	

Unidad 0
Antes de empezar

1. Escribe un cuestionario

a. LEE los puntos que figuran abajo y PREPARA una entrevista.
Tienes que realizar, al menos, una pregunta de cada apartado, menos en el primero (datos personales), donde preguntamos todos los datos.

Ejemplos:
Estudio de idiomas, tiempo de estudio del español: "¿Cuánto tiempo llevas estudiando español?".
Gustos y aficiones, espectáculos: "¿Qué te gusta más: el teatro, el cine o los conciertos?", o bien "¿Qué clase de espectáculo te gusta más?".

Datos personales

- nombre
- nacionalidad / origen
- edad
- profesión

Experiencias

- el viaje más interesante
- el día más feliz
- la anécdota más graciosa
- los países hispanohablantes visitados

Gustos y aficiones

- actividades preferidas para el fin de semana
- actividades preferidas para las vacaciones
- espectáculos
- aficiones especiales

Planes

- personales
- profesionales
- la casa

Estudio de idiomas

- tiempo de estudio del español
- 3 cosas que no puedes hacer en español
- 3 cosas que puedes hacer en español
- otros idiomas hablados

Deseos y temores

- ¿qué harías si...?
- 2 deseos (espero que.../ojalá...)
- 2 temores (espero que no...)

Amistades

- describe al amigo o a la amiga ideal
- 2 defectos que no aguantas en los amigos

Sociedad

- 2 obligaciones que te parecen bien
- 2 obligaciones que no te gustan

Tu cuerpo

- comidas o bebidas que procuras no tomar
- ejercicio
- malos hábitos

b. Ahora en parejas FORMULA las preguntas a tu compañero y TOMA NOTAS de sus respuestas.

c. ESCRIBE una presentación de tu compañero/a basada en la información del cuestionario. Léela al resto de la clase.

2. Habla Verónica Sánchez

ESCUCHA esta entrevista de la actriz Verónica Sánchez y CONTESTA a las preguntas.

> Verónica Sánchez es una joven actriz. Se hizo famosa por su participación en la serie televisiva española "Los Serrano", junto al joven cantante Fran Perea.
> Vero nació el 1 de julio de 1977. Estudió hasta selectividad y a los dieciocho años entró en la Escuela de Arte Dramático de Sevilla. Su primer papel importante fue Juliana en *Al sur de Granada*.

a. ¿Cuál de los siguiente temas se tratan en la entrevista?
   1. Sus estudios ☐
   2. Sus películas preferidas ☐
   3. La ropa que lleva ☐

b. Si no hubiese sido actriz, ¿qué le habría gustado ser?

c. ¿Por qué menciona a las actrices Carmen Maura y Cecilia Roth?

d. ¿Qué deportes practicaba en el instituto?
   1. Baloncesto ☐
   2. Balonmano ☐
   3. Balonvolea ☐

e. ¿Qué cosas le gustan en un chico?
   1. Que sea guapo y atractivo ☐
   2. Que sea buen conversador e interesante ☐
   3. Que sea divertido e inteligente ☐

f. ¿Cómo es un día normal en la vida de Verónica?
   1. Es muy tranquilo ☐
   2. Está lleno de actividad ☐
   3. Pasa lentamente ☐

g. ¿Qué deseo expresa Verónica sobre la popularidad?
   1. Ojalá tuviera más importancia ☐
   2. Ojalá no la reconociera la gente ☐
   3. Ojalá no tuviera ninguna importancia ☐

h. ¿Qué locura cometió?
   1. Escaparse de casa para ver un concierto de rock ☐
   2. No asistir a clase una semana ☐
   3. Irse sola a viajar por el mundo ☐

Contenidos comunicativos y gramaticales

 ¿TE GUSTA?

> **Gustos:** *(A mí) me gusta el café / Me gustan las novelas. Me gusta mucho... / No me gusta nada...*
> **Opiniones:** *Esta novela me parece aburrida / Me parece que esta novela es aburrida.*
> **Preferencias:** *Prefiero la poesía a la novela.*

1 **En parejas, EXPRESAD vuestros gustos y preferencias con respecto a las cosas siguientes.**

Ejemplo: Novelas de detectives o novelas históricas.
- *Me gustan las novelas de detectives, porque me parecen muy emocionantes.*
- *Pues a mí no me gustan nada. Me parecen aburridísimas. Prefiero las históricas porque así aprendo cosas.*

a. Vacaciones "activas" (deportes, aventura) o "relajadas" (playa, piscina, paseos...).
b. Comprar por Internet o en las tiendas.
c. Comida asiática o comida "tex-mex".
d. Ir al cine o ver una película en casa.
e. Ir a una discoteca o a una fiesta en casa de unos amigos.
f. Trabajar en una oficina o trabajar desde casa.

 DESEOS

> **Con Infinitivo:** *Espero llegar a tiempo.*
> **Con Subjuntivo:** *Espero que llegue la ambulancia a tiempo.*
> *¡Ojalá llegue la ambulancia a tiempo!*
> **Temores:** *Espero que / Ojalá no llueva. Mañana tenemos excursión.*

2 **ESCRIBE un deseo relacionado con la frase dada y con el dibujo.**

Ejemplo: Si nieva podremos ir a esquiar.
Espero que nieve.
¡Ojalá nieve!

a. Vamos a ir a la playa.

b. Mañana te examinas de matemáticas, ¿verdad?
   - Sí, ...

c. La película empieza dentro de cinco minutos y Jorge no ha llegado todavía.

d. Hay que darse prisa. La tienda cierra a las dos.

¡ Buon giorno !

e. Vamos a ir de excursión al desierto.

f. Me voy a vivir a Italia, pero no hablo nada de italiano, ...

 3 **IDENTIFICA la función comunicativa de cada frase.**

a. Me parece muy bien.
b. ¡No hay derecho!
c. ¿Podrían ustedes mandarme un catálogo?
d. ¿Podría llevarme este catálogo?
e. Hay que tener cuidado con los animales.

1. No estoy conforme.
2. Pido permiso para hacer algo.
3. Estoy de acuerdo.
4. Todos estamos obligados a hacerlo.
5. Pido un favor.

LOS INTERROGATIVOS

| ¿Qué? | ¿Cuál/es? | ¿Cómo? | ¿Cuándo? | ¿Cuánto/a/os/as? |

 4 **COMPLETA con palabras o expresiones interrogativas.**

a. ¿...... es tu segundo apellido?
b. ¿...... se llama tu padre?
c. ¿...... nombre tiene tu perro?
d. ¿...... cuesta este coche?
e. ¿...... hermanos tienes?
f. ¿...... se han ido tus amigos?
g. ¿...... día es tu cumpleaños?
h. ¿A ...... hora entras a trabajar por la mañana?
i. ¿...... me devolverás mi libro?

 **SER Y ESTAR**

SER:	Manolo *es* divertido.
	Este queso *es* de La Mancha.
ESTAR:	Álvaro *está* en la cocina.
	Estamos a principios de mes.
	Francisco *está* enfermo.

5 En el siguiente texto RELLENA los huecos con las formas correctas de los verbos SER o ESTAR.

Mi primo Gustavo (a) …… pintor. (b) …… de Cáceres, pero se ha formado en Barcelona. Ahora (c) …… muy contento porque su última exposición (d) …… un éxito y (e) …… vendiendo muchos cuadros. La exposición (f) …… situada en la Galería Goya.

Trabajando en sus cuadros, Gustavo (g) …… muy paciente. Retoca con su pincel una y otra vez, hasta que (h) …… satisfecho. Cuando (i) …… de mal humor es cuando mejor pinta, según él. Entonces empieza a pintar y no para, aunque (j) …… malo y con fiebre.

Dice que (k) …… harto de la crítica. Los críticos no le comprenden. Hubo uno que escribió una crítica malísima, diciendo que sus cuadros (l) ……muy malos. Pues bien, Gustavo descubrió que ese crítico ¡ni siquiera había (m) …… en la exposición!

 LA IMPERSONALIDAD

¿Cómo *se* va a la Plaza de la Ópera? (cualquier persona).

La gente comenta que es una película muy buena.
Se comenta que es una película muy buena.

En la droguería los clientes compran productos de limpieza.
En la droguería *se* compran productos de limpieza.

6 TRANSFORMA las frases siguientes para emplear *se.*

a. En esta tienda los dependientes hablan inglés.
b. En este país los ciudadanos admiran mucho a los deportistas.
c. ¿Cómo puedo ir a la catedral?
d. ¿Cómo hacen los cocineros una tortilla de patatas?
e. En Navidad la gente celebra muchas fiestas.

USO DE DIFERENTES TIEMPOS VERBALES DEL PASADO.

Pretérito Perfecto	*¿Has comido algo, o te preparo un bocadillo?*
Pretérito Indefinido	*Anoche comimos salmón para cenar.*
Pretérito Imperfecto	*De pequeños, mis hermanos comían en la cocina.*
Pretérito Pluscuamperfecto	*Cuando llegué a la fiesta ya se lo habían comido todo.*

 Alejandro ha estado de vacaciones. A la vuelta escribe un correo a todos sus amigos. LEE y ESCRIBE los verbos que aparecen entre paréntesis en la forma correcta.

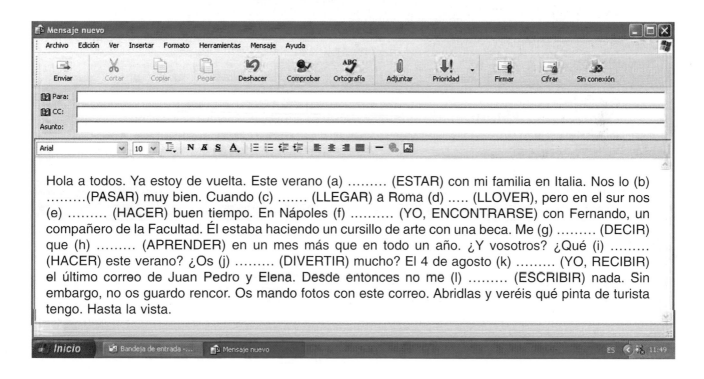

Hola a todos. Ya estoy de vuelta. Este verano (a) .... (ESTAR) con mi familia en Italia. Nos lo (b) ....(PASAR) muy bien. Cuando (c) .... (LLEGAR) a Roma (d) ..... (LLOVER), pero en el sur nos (e) .... (HACER) buen tiempo. En Nápoles (f) .... (YO, ENCONTRARSE) con Fernando, un compañero de la Facultad. Él estaba haciendo un cursillo de arte con una beca. Me (g) .... (DECIR) que (h) .... (APRENDER) en un mes más que en todo un año. ¿Y vosotros? ¿Qué (i) .... (HACER) este verano? ¿Os (j) .... (DIVERTIR) mucho? El 4 de agosto (k) .... (YO, RECIBIR) el último correo de Juan Pedro y Elena. Desde entonces no me (l) .... (ESCRIBIR) nada. Sin embargo, no os guardo rencor. Os mando fotos con este correo. Abridlas y veréis qué pinta de turista tengo. Hasta la vista.

 EL ESTILO INDIRECTO

Estuve ayer con tu primo. *Me dijo que había estado con mi primo el día anterior.*
Llama a tus padres. *Me dijo que llamara a mis padres.*
¿Has visto a Juan? *Me preguntó si había visto a Juan.*
Venga, vámonos a tomar un café. *Me propuso que nos fuéramos a tomar un café.*
No sé nada. *Me contestó que no sabía nada.*

María José, Celia y Andrés están comunicándose en un "chat". Están haciendo planes para el fin de semana. ESCRIBE un correo a Alejandro contándole, como si fueras Andrés, lo que han dicho en el chat. USA los verbos siguientes:

decir	preguntar	proponer	contestar

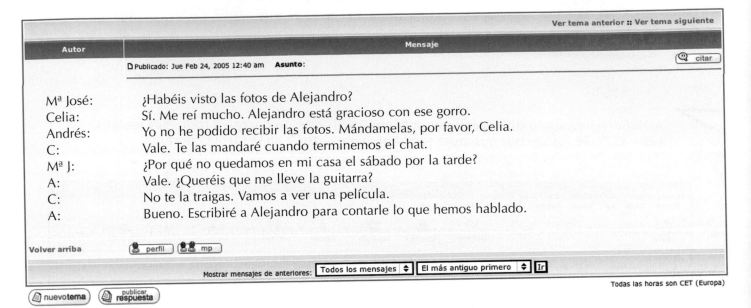

Autor	Mensaje

Publicado: Jue Feb 24, 2005 12:40 am   **Asunto:**   citar

Mª José:	¿Habéis visto las fotos de Alejandro?
Celia:	Sí. Me reí mucho. Alejandro está gracioso con ese gorro.
Andrés:	Yo no he podido recibir las fotos. Mándamelas, por favor, Celia.
C:	Vale. Te las mandaré cuando terminemos el chat.
Mª J:	¿Por qué no quedamos en mi casa el sábado por la tarde?
A:	Vale. ¿Queréis que me lleve la guitarra?
C:	No te la traigas. Vamos a ver una película.
A:	Bueno. Escribiré a Alejandro para contarle lo que hemos hablado.

Volver arriba   perfil   mp

Mostrar mensajes de anteriores: Todos los mensajes ▲▼   El más antiguo primero ▲▼   Ir

Todas las horas son CET (Europa)

nuevotema   publicar respuesta

Empieza así:

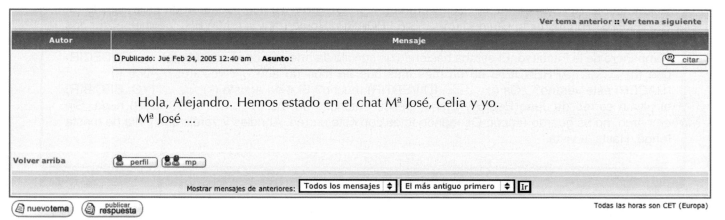

Ver tema anterior :: Ver tema siguiente

Autor	Mensaje

Publicado: Jue Feb 24, 2005 12:40 am   **Asunto:**   citar

Hola, Alejandro. Hemos estado en el chat Mª José, Celia y yo.
Mª José ...

Volver arriba   perfil   mp

Mostrar mensajes de anteriores: Todos los mensajes ▲▼   El más antiguo primero ▲▼   Ir

Todas las horas son CET (Europa)

nuevotema   publicar respuesta

 ORACIONES SUBORDINADAS

Concesivas:	*Aunque no me apetece, iré.* (Ahora mismo no me apetece).
	Aunque no me guste, aplaudiré. (Todavía no sé si me gustará).
Condicionales:	*Si vas, te acompañaré.*
	Si fueras te acompañaría.
	Si hubieras ido, te habría / hubiera acompañado.
Finales:	*Te lo repetiré para que me comprendas.*
Causales:	*No fui porque no me encontraba bien.*
Temporales:	*Avísame cuando llegues.* (Todavía no has llegado).
	Cuando llegó Juan estábamos en la playa.

9 RELACIONA las dos partes de cada frase.

a. Aunque haga frío
b. Si tuviera más tiempo libre
c. Llamaré al restaurante
d. Cuando lleguemos a Canadá
e. No fuimos a la excursión
f. Cuando llegamos a Caracas
g. Me sentiría más acompañado
h. Si no me siento mejor mañana

1. para que nos reserven una mesa.
2. porque era demasiado cara.
3. yo pienso ir a la playa.
4. aprendería más idiomas.
5. hacía muchísimo calor.
6. tenemos que visitar las cataratas del Niágara.
7. no iré a trabajar.
8. si vinieras conmigo.

IMPERATIVO

Calienta la leche para el biberón — *No la calientes tanto*
Come esta tarta — *No la comas entera*
Fríe estas patatas — *No las frías todas*

10 COMPLETA las frases con los verbos del recuadro en la forma correcta del Imperativo.

venir   decir   hacer   ir   poner   volver

a. Mira, Manu, no .... caso de los rumores. Son todos mentira.
b. Adiós, señores. .... ustedes cuando quieran. Esta es su casa.
c. Señora Cortez, ¡no le .... a su marido que estamos aquí! Queremos darle una sorpresa.
d. Fran, por favor, ... la mesa mientras termino la comida, ¿vale?
e. ¿Mesa para cuatro? Sí, ... ustedes conmigo por aquí, por favor.
f. Rafa, Carmen, no os .... todavía. La fiesta está en lo mejor.

COMPARATIVOS Y SUPERLATIVOS

Alfredo ha sacado buena nota. Laura sacó mejor nota todavía.
¡Qué tiempo más malo! Todavía hace peor en mi pueblo.
Tengo un hermano mayor, me lleva cinco años.
¡Qué rica la carne! La verdad, está riquísima.

11 COMPLETA las frases con palabras o expresiones del recuadro.

más grande   mayor   grandísimas   bueno   mejor   buenísimos

a. Mi hermano es .... que yo. Él tiene treinta y yo tengo veintisiete.
b. Mi cuarto es el .... de toda la casa. Tengo mucha suerte.
c. Lo .... que puedes hacer es pedir consejo a un experto.
d. ¿Has probado estos canapés? Están ....
e. Hacía tiempo que no veía a tus hijas. ¡Están .... !
f. Me gusta este libro, pero no es tan .... como el anterior de la misma autora.

Unidad 1
Sentirse bien

o b j e t i v o s

■ **Competencias pragmáticas:**

• Hablar de la salud.
• Expresar obligación de forma personal e impersonal.
• Expresar juicios de valor.
• Dar instrucciones y consejos.
• Comprar en un mercado.

■ **Competencias lingüísticas:**

Competencia gramatical
• Perífrasis verbales de obligación.
• Verbos con preposición.
• Comparativos y superlativos.
• Verbos que expresan juicios de valor.

Competencia léxica
• Especialidades médicas.
• La salud.

■ **Conocimiento sociocultural:**

• Salud y sociedad.
• El mercado en España.

Recursos y tareas

■ Comprender una entrevista.
• Explicar cómo conservar la salud y mantenerse en forma.

■ Comprender un artículo periodístico.

■ Taller de escritura.
 • Escribir un texto dando consejos.

■ Vídeo.
 • Descubrir una realidad sociocultural: el mercado.

Comprensión auditiva

1. La alimentación y la salud

a. Antes de escuchar, **CONTESTA** a estas preguntas.

- ¿Qué opinas de la preocupación por el adelgazamiento?
- ¿Conoces dietas milagrosas? ¿Qué piensas de ellas?
- ¿Hay alimentos que engordan más que otros?
- ¿Por qué estar gordo puede ser un problema para la salud?

b. **ASOCIA** cada verbo del carro de la izquierda con su sinónimo del carro de la derecha.

a. Almacenar	1. Repercutir
b. Conllevar	2. Implicar
c. Ingerir	3. Guardar
d. Aprovechar	4. Crear
e. Influir	5. Comer
f. Sustituir	6. Utilizar
g. Inventar	7. Suplir

c. ¿Qué **SIGNIFICAN** estas palabras que vas a escuchar en la audición?

a. Sedentario
1. que no se mueve ☐
2. que tiene sed ☐
3. que se pone nervioso ☐

c. Inexorablemente
1. que no tiene explicación ☐
2. que no se puede prever ☐
3. que no se puede evitar ☐

e. Apetencia
1. necesidad ☐
2. deseo ☐
3. obligación ☐

b. Escasez
1. abundancia ☐
2. ausencia ☐
3. carencia ☐

d. Oficio
1. afición o diversión ☐
2. trabajo o profesión ☐
3. actividad pública ☐

f. Peculiaridad
1. característica propia ☐
2. rareza ☐
3. excepción ☐

2. Infórmate

a. Escucha y **CONTESTA**: verdadero o falso.

	V	F
a. La edad y la estatura no influyen en el sobrepeso.	☐	☐
b. Las personas que comen cantidades parecidas engordan lo mismo.	☐	☐
c. El organismo almacena la energía no utilizada en forma de grasa.	☐	☐
d. Acostumbrarse de niños a comer más favorece la tendencia a engordar.	☐	☐
e. La genética es el factor más importante para estar gordo.	☐	☐
f. La vida moderna nos hace ir más deprisa y desarrollar más actividad.	☐	☐
g. En las comidas bebemos menos líquido del que necesitamos.	☐	☐
h. El especialista nos aconseja controlar las cantidades que comemos.	☐	☐

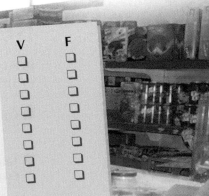

b. Lee estas preguntas, ESCUCHA de nuevo la entrevista y RESPONDE.

a. ¿Cuáles son las causas del sobrepeso?
b. ¿Por qué personas que comen la misma cantidad tienen más sobrepeso que otras?
c. ¿Qué deben hacer los padres para que sus hijos no engorden demasiado?
d. ¿En qué medida influye la actividad física?
e. ¿Qué aspectos de la vida moderna influyen en el sobrepeso?
f. ¿Qué consejos nos da el especialista?

3. ¿Qué especialista elegir? - - - -

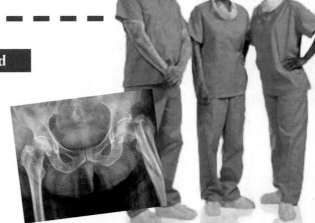

Especialidad	Especialista	Actividad
Pediatría	....	corazón
Cardiología	....	huesos
Traumatología	....	niños
Psiquiatría	....	mujer
Ginecología	....	ojos
Oftalmología	....	cáncer
Oncología	....	mente

a. Fíjate en las especialidades médicas y COMPLETA el cuadro con el nombre del especialista.

b. RELACIONA cada nombre de especialidad médica con su especialista y la actividad que desempeña.

Ejemplo: *El pediatra es el especialista de las enfermedades de los niños.*

c. ESCRIBE los nombres de otras especialidades médicas relacionándolas con las partes del cuerpo.

4. Cómo conservar la salud y estar en forma

En grupos, LEE las siguientes indicaciones.

1. No fume y evite estar en ambientes donde la gente lo haga.
2. No beba alcohol, o reduzca al mínimo su consumo.
3. Ingiera abundante fruta y verdura cruda.
4. Reduzca al mínimo el café, el té y los refrescos.
5. Disminuya las grasas todo lo posible.
6. No consuma demasiado pan.
7. Evite medicamentos no recetados por su médico.
8. Haga ejercicio al menos 5 días a la semana, a ser posible un mínimo de 45 minutos por sesión, preferentemente un ejercicio aeróbico como correr, nadar o montar en bicicleta.
9. Duerma al menos 7 horas diarias.
10. No haga dietas sin control médico.

a. Comenta cuál de estas indicaciones te parece más importante y argumenta por qué.
b. Cuenta experiencias personales relacionadas con las sugerencias.
c. ¿Añadirías algún otro consejo?

Comprensión lectora

Curarse a carcajadas

Reírse es la más barata de las terapias. Después de tres horas la risa puede cambiar los resultados de unos análisis clínicos porque disminuye el colesterol y produce una activación cerebral que da lugar a una sensación placentera y sedante.

Hay muchas personas que se benefician con la técnica de la risoterapia. Los depresivos son muy agradecidos porque tienen unos niveles muy bajos de ciertas sustancias cerebrales que con la carcajada aumentan. También todas las patologías del sistema inmunológico mejoran con esta técnica.

La risa es uno de los misterios más antiguos de la ciencia. Cuando nos venimos abajo por alguna circunstancia, ese momento provoca la risa en los demás y la vergüenza en nosotros mismos. En esa situación, lo mejor es reírse de uno mismo. No debemos tomarnos muy en serio.

En la medicina oriental la risa es muy apreciada, los budistas zen buscan la iluminación a través de una gran carcajada. Por el contrario, en Occidente su uso curativo es una novedad, aunque cada día son más los médicos interesados por este tipo de terapia y se acercan a ella con voluntad de aplicarla a sus enfermos. Como tendemos a reprimir la risa en situaciones formales, hay que preparar previamente al paciente para que rompa su defensa natural que le lleva a no manifestarse espontáneamente y a no exteriorizar sus sentimientos. La risa es la distancia más corta entre dos personas.

El oncólogo Eduardo Salvador afirma que "a veces tenemos miedo a ser malinterpretados, a parecer vulgares en lugar de unos profesionales rigurosos si no nos tomamos todo demasiado en serio. Sin embargo, como pacientes, asistentes sanitarios o alguien a quien le importa el bienestar del enfermo, tenemos que mantener la moral elevada y una actitud positiva que incluya la esperanza, la alegría y la risa".

Leyda Barrena lleva 12 años en España dedicándose a investigar la risa como arma médica. Explica que tras varias carcajadas aumenta la ventilación y la sangre se oxigena. Hay que reírse varias veces al día para combatir el estrés y prevenir muchas enfermedades. La risa está conectada con el hemisferio derecho, la parte del cerebro responsable de la creatividad, la intuición, el juego y el arte.

Son muchas las aplicaciones de esta terapia, algo que sabe bien Leyda, que en la "Academia de la Risa" imparte clases tanto a personas con Alzheimer como a ejecutivos o adolescentes. "Con ella nos libramos del estrés y la ansiedad acumulados, las hormonas que se activan tras una carcajada confieren bienestar".

Esta defensora de la risa anima a todos a probar esta terapia, "aunque no tengan grandes problemas, siempre es enriquecedor. Yo me tiré al ruedo; y estoy encantada".

Texto adaptado, Ángeles López, *El Mundo Salud*, 17 de junio de 2003.

1. Reírse es la más barata de las terapias

a. LEE el texto y ESCRIBE todas las palabras que aparecen relacionadas con:

 —— **RISA** ——

 MEDICINA —

b. BUSCA en el texto un sinónimo correspondiente a cada una de estas palabras.

a. Risa fuerte	c. Reducir	e. Agradable	g. Controlar	i. Estricto
b. Curación	d. Proporcionar	f. Enfermedad	h. Enfermo	j. Dar

2. Tírate al ruedo

¿Qué SIGNIFICAN las siguientes expresiones idiomáticas? Selecciona para cada una la definición que más se aproxime entre las 6 propuestas.

a. Tirarse al ruedo
b. Tomarse en serio (algo)
c. Venirse abajo

1. "desmoralizarse"
2. "huir"
3. "ponerse triste"
4. "dar mucha importancia"
5. "arruinarse"
6. "decidirse con valentía"

3. La risoterapia

CONTESTA a las preguntas.

a. Explica con tus propias palabras en qué consiste la risoterapia.
b. ¿Cuáles son los beneficios de esta terapia?
c. ¿Se aplica sólo la risoterapia para problemas de salud mental? Justifica y razona tu respuesta con las informaciones del texto.
d. ¿Qué nos recomienda la autora del texto cuando nos hundimos moralmente?
e. ¿Qué diferencias han existido entre la medicina occidental y la oriental sobre el uso terapéutico de la risa?
f. ¿Qué propone el oncólogo Eduardo Salvador respecto de la conducta del médico con el paciente?
g. ¿Qué efectos se producen tras varias carcajadas? ¿Qué explicación científica da Leyda Barrena?

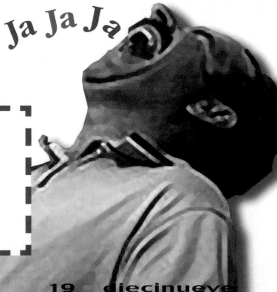

Punto de vista

a. ¿Cómo se interpreta la risa en nuestra sociedad? ¿Para qué sirve?
b. ¿Qué connotaciones tiene?
c. ¿Qué opinas de la risa como arma médica? ¿Te parece útil que exista una "Academia de la risa"?

Lengua

 PERÍFRASIS VERBALES DE OBLIGACIÓN

Las perífrasis verbales de obligación son construcciones que expresan un hecho obligatorio o necesario.

• Tener que + Infinitivo. Expresa obligación o necesidad y se construye con sujeto personal:
Tenemos que mantener la moral elevada.
En Pretérito Indefinido implica que la acción fue inevitable: *Tuve que contarle una mentira.*
• Haber de + Infinitivo. Expresa obligación o necesidad y se construye con sujeto personal o impersonal. En oraciones impersonales permite dar instrucciones:
Se ha de desmontar la caja con sumo cuidado.
Se emplea en un registro más formal y es propia de la lengua culta:
Dentro de ese difícil oficio de educadores que los padres tienen, ha de incluirse la tarea de guiar los hábitos y apetencias alimenticias de los hijos.
En primera persona indica la decisión firme del sujeto de hacer algo: *He de decírselo cuanto antes.*
• Deber + Infinitivo. Expresa obligación o necesidad, se construye con sujeto personal. Tiene un valor de fuerza moral o de consejo: *Debemos ayudar a los más necesitados.*
Si usted sufre sobrepeso, debe proponerse cambiar dos cosas en su vida.
• Haber que + Infinitivo. Expresa obligación o necesidad, es una forma impersonal (sólo se usa en tercera persona del singular): *Hay que preparar previamente al paciente.*

1 **SUSTITUYE las palabras subrayadas por la perífrasis de obligación más adecuada. En ocasiones habrá más de una respuesta correcta posible.**

a. *Necesito* dormir más, estoy muy cansado.
b. Lo tengo muy claro, *no voy a revelar* el secreto a nadie.
c. *Conviene* que te esfuerces más.
d. Javier no ha venido. *Es imprescindible* que alguien lo llame.
e. *Es preciso* leerlo con mucha atención.
f. En esta receta *se siguen* todos los pasos al pie de la letra.
g. Antes *era necesario* sacarse el pasaporte para viajar a Francia.
h. Como buenos ciudadanos *estamos obligados a* pagar impuestos.

 VERBOS CON PREPOSICIÓN

Muchos verbos exigen el uso de una preposición determinada.

Verbos con preposición más frecuentes:

Acordarse de: *No me acordé de llamarte.*
Consistir en: *El trabajo consiste en vender seguros.*
Estar de acuerdo con: *Estoy de acuerdo contigo.*
Tender a: *Tendemos a reprimir la risa.*
Depender de: *Depende de lo que se come.*

Jugar a: *Pau Gasol juega al baloncesto.*
Confiar en: *Sé que puedo confiar en ti.*
Discutir con: *Discute mucho con su pareja.*
Dedicarse a: *Lleva años dedicándose a cantar.*
Enamorarse de: *Se enamoró de ella enseguida.*

Algunos verbos cambian de significado según la preposición que lleven:

Reírse de = burlarse de alguien.   *Lo mejor es reírse de uno mismo.*

Reírse con = divertirse con alguien.   *Cuenta muy bien los chistes; nos reímos con él.*

Hablar = expresarse.   *Al teléfono Luis no para de hablar.*

Hablar de (un tema) = Referirse a (un tema).   *Hablamos del trabajo, de nuestros amigos...*

Creer a = confiar en que alguien dice la verdad. *El juez creyó al testigo.*

Creer en = confiar en la existencia de algo.   *¿Crees en los extraterrestres?*

Creer en = confiar en la valía de alguien.   *Mi jefe creyó en mí desde el principio.*

Pensar en (algo o alguien) = acordarse de.   *Sigo pensando en ella.*

Pensar de (algo o alguien) = opinar.   *¿Qué piensas de su último disco?*

 COMPLETA las siguientes frases con la preposición correcta: *a, de, en, con.*

a. Él sólo piensa .... su pasado.

b. ¿Qué piensas .... la amiga de Teresa?

c. Me encanta jugar .... las cartas.

d. Él discute .... su socio continuamente.

e. Se dedica .... el baile flamenco.

f. Estoy de acuerdo .... él en casi todo.

g. Lleva tiempo hablando .... esto.

h. Es difícil confiar .... la gente.

i. María se ha enamorado .... Javier.

j. El productor creyó .... Amenábar desde el principio.

 COMPARATIVOS Y SUPERLATIVOS

Comparativos

De superioridad: más...que (sustantivos, adjetivos o verbos)   *Es más cariñosa que él.*

De inferioridad: menos...que (sustantivos, adjetivos o verbos) *Es menos divertido que tú.*

De igualdad: tanto...como (verbo)   *Se ríe tanto como un niño.*

                          tan...como (adjetivo)   *Es tan alto como su abuelo.*

                          tanto/a/os/as...como (sustantivo)   *Tengo tantas ideas como ella.*

En el caso de más...que, menos...que, si el complemento de esos comparativos va seguido de una proposición, se añade de lo: Más/menos ... de lo que ...: *Es más listo de lo que parece.*

Comparativos y Superlativos irregulares		
Bueno	Mejor	Óptimo
Malo	Peor	Pésimo
Grande	Mayor	Máximo
Pequeño	Menor	Mínimo

Superlativos absolutos		
Buenísimo	=	Muy bueno
Malísimo	=	Muy malo
Grandísimo	=	Muy grande
Pequeñísimo	=	Muy pequeño

Superlativos relativos

Expresan la superioridad o la inferioridad en grado máximo respecto de un grupo.

El/la más/menos + adjetivo   *A. Banderas es el actor español más conocido en EEUU.*

El/La más/menos + adjetivo + de + nombre   *Reírse es la más barata de las terapias.*

El/la más/menos + adjetivo + que + verbo   *Es la persona más generosa que existe.*

 COMPLETA las siguientes frases con un comparativo o superlativo.

a. Cien euros es la cantidad .... que puedo pagar.

b. México es la ciudad .... poblada .... Hispanoamérica.

c. ¡Qué mal! Es la .... experiencia .... he tenido nunca.

d. *El Quijote* es la .... novela de Cervantes.

e. Él sabe menos .... la gente cree.

f. Es ... bonito .... había imaginado.

Dar instrucciones y consejos

1. Consejos para la prevención del dolor de cabeza

a. LEE el siguiente texto:

Aprender a reconocer el dolor de cabeza es el primer paso para ponerle remedio. Pero antes de sufrirlo, es mejor prevenirlo. Estos son algunos consejos para combatirlo.

En primer lugar, evite el estrés, pues es el primer factor desencadenante del dolor de cabeza. El estrés lleva a la ansiedad, potente generador de cefaleas tensionales.

Asimismo, es necesario moderar la tensión nerviosa. Las personalidades ansiosas, obsesivas y perfeccionistas son más vulnerables a estos dolores. Conviene tomarse la vida con filosofía.

Además, debe alejar de su vida los ruidos. El ruido estridente y continuado es un factor generador de dolor de cabeza, sobre todo para las personas con tendencia a las migrañas.

Por otro lado, tenga cuidado con el alcohol. No beba vinos ni cava que no sean de calidad.

Finalmente, manténgase alerta ante los cambios de tiempo. El frío y los cambios bruscos de temperatura pueden causar cefaleas tensionales y crisis de migraña.

b. SUBRAYA en el texto sinónimos de la expresión "dolor de cabeza".

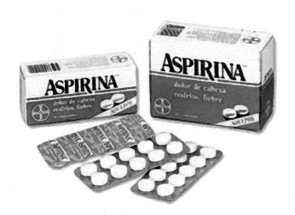

c. COMPLETA.

Adjetivo	Nombre	Verbo
Potente	Potencia	Potenciar
Tensional		
Ansioso		
Obsesivo		
Perfeccionista		
Continuado		

Expresar juicios de valor: *ser* + adjetivos valorativos

- Es mejor
- Es preciso
- Es necesario
- Es conveniente

que + Subjuntivo si el sujeto de las dos oraciones es distinto.
Es mejor que lo pienses dos veces.
+ Infinitivo si es una construcción impersonal.
Es mejor esperar a mañana.

Para ayudarte

> **Dar consejos**
>
> • Imperativo afirmativo: *Piénsalo bien antes de tomar una decisión.*
> • Imperativo negativo: No + Subjuntivo. *No te dejes llevar por tus emociones.*
> • Perífrasis verbales de obligación: Tener que + Infinitivo, Deber + Infinitivo.

Para ayudarte

2. Aconséjanos

a. COMPLETA las siguientes frases dando consejos. Emplea juicios de valor, imperativos o perífrasis verbales.

Ejemplo: *Para superar la timidez hay que confiar en los demás.*

a. Para manejar bien el ordenador
....

b. Si quieres organizar tus estudios
....

c. Debes leer bien las instrucciones
....

d. Para hacer amigos
....

e. Si quieres adelgazar sin dejar de comer
....

b. ¿Cuáles son las construcciones que se utilizan en el texto para dar instrucciones? DA ejemplos.

a. ¿Qué tiempos verbales utiliza el autor?
b. ¿Qué tipos de perífrasis verbales se usan?
c. ¿Cómo se expresan los juicios de valor? ¿Con qué verbos o locuciones verbales?
d. ¿Cuáles son los conectores? Subráyalos.

3. Dar instrucciones y consejos

a. En parejas. ELIGE un tema entre los que aparecen a continuación.

Cómo adelgazar sin dejar de comer.
Cómo organizar tus estudios.
Cómo sacar partido al ordenador.
Cómo instalar un equipo de música.
Cómo hacer amigos.
Cómo superar la timidez.

Cómo superar la timidez.

Cómo organizar tus estudios.

b. ESCRIBE unos consejos relativos al tema elegido.

• Cada uno elabora su propia lista de consejos y la pone en común con su compañero.
• Entre los dos, elegís cinco consejos entre los más pertinentes.
• Siguiendo el modelo, redactáis un escrito de 150 -180 palabras.

España en directo

España es... fruta

1. ¿Te gusta la fruta?

Antes de visionar

- ¿Conoces la fruta española y la de Hispanoamérica?
- ¿Qué diferencias hay entre la fruta de España y la de tu país?
- ¿Hay en tu país algunas frutas que en España no existan?
- ¿Cuántas piezas de fruta tomas al día?
- ¿Te gusta comer distintos tipos de fruta en cada estación del año?

2. En el puesto de frutas

Primer visionado. LEE las preguntas y después de ver una vez la escena, CONTÉSTALAS.

a. ¿Dónde están los personajes?
   1. En un mercado ☐   2. En un supermercado ☐   3. En la calle ☐
b. ¿Quién es Laura y en qué trabaja?
c. Laura
   1. Es la que más sabe de frutas ☐
   2. Sabe mucho de frutas ☐
   3. Dice que nadie sabe de frutas ☐
d. ¿Qué frutas tienen en verano y en invierno y cuáles se venden más?

	VERANO	INVIERNO
Plátanos		
Sandías		
Cerezas		
Naranjas		
Mandarinas		
Fresas		
Melones		

3. Usos y costumbres

a. ¿Qué SIGNIFICAN las siguientes expresiones?

a. Hoy en día
    1. Actualmente ☐   2. En el día de hoy ☐
b. La gente pide la vez
    1. La gente se apunta a un turno ☐   2. La gente pide una vez ☐
c. Clientes de toda la vida
    1. Habituales ☐   2. Que compran ahí desde hace mucho tiempo ☐

b. ESCRIBE los sinónimos de las siguientes palabras:

Atender   ....
Tocar   ....
Soler   ....
Salir a   ....

c. Segundo visionado. ¿Lo has entendido?

a. ¿Cómo sabe la frutera a qué cliente tiene que atender primero?
b. ¿En qué temporada se vende más fruta?
c. ¿Qué inconveniente tiene –según Laura– comprar en unos grandes almacenes?
d. ¿Qué ventajas tiene comprar en una frutería?
e. ¿La fruta se vende según lo que pesa o pagando una cantidad por cada unidad?
f. ¿Qué frutas se compran por piezas?
g. ¿Cuánto cuesta el kilo de naranjas si compramos las bolsas?
h. ¿Cuánto tiene que pagar al final la entrevistadora por los plátanos y las naranjas?

4. ¿La última, por favor?

Para pedir la vez se dice:

¿Quién es el/la último/a? o *¿El/la último/a, por favor?*

- ¿Conoces otras maneras de "pedir la vez"? ¿Se hace así en tu país?
- ¿Y tú, prefieres comprar la fruta en un mercado o en un supermercado? ¿Por qué?
- ¿Cuáles son las costumbres en tu país?

Hispano en Nueva York, Estados Unidos

Unidad 2
La ola latina

Objetivos

■ **Competencias pragmáticas:**

- Hablar de la vida en la ciudad.
- Describir una ciudad.
- Describir el carácter de alguien I.

■ **Competencias lingüísticas:**

Competencia gramatical
- Oraciones de relativo.
- Usos de *Como*.
- Conectores del discurso I.
- Adverbios de frecuencia.

Competencia léxica
- Vida en la ciudad.
- Descripción del carácter de alguien.

■ **Conocimiento sociocultural:**

- Hispanos en Estados Unidos.
- Vida cotidiana en España y en Estados Unidos.

Recursos y tareas

■ Comprender un reportaje sobre un fenómeno social.

■ Comprender una entrevista radiofónica.
- Describir un paseo por la ciudad.

■ Taller de escritura.
- Redactar una carta personal.

■ Tertulia.
- Expresar la opinión sobre la integración en una ciudad.

Hispanos en EE.UU.

Entre la población hispana de Estados Unidos se utiliza la expresión *síndrome de Cristóbal Colón* para designar el "redescubrimiento" de la población "latina" que allí acontece cada cuatro años, justo antes de las elecciones presidenciales, cuando la caza del voto se convierte en el deporte más practicado por los aspirantes a dirigir el cotarro. Con más de siete millones de votos hispanos -de los aproximadamente 38 millones que viven en EEUU-, el dato demográfico no es baladí. En algunos estados el porcentaje de población hispana es más que significativo: en Nuevo México supone el 42 por ciento del total, el 33 por ciento en California y Texas, el 25 por ciento en Arizona, el 16 por ciento en Florida. La nación más poderosa del planeta ya es en este momento el país con mayor número de hispanohablantes, exceptuando México. Y con un índice de natalidad en aumento, la población de origen latino será mayoritaria en EEUU a lo largo del próximo siglo. Los sociólogos constatan el dato y los políticos toman nota.

Pero los hispanos ya no son lo que eran. En primer lugar, se sienten más fuertes y seguros, entre otras cosas porque saben que su poder adquisitivo ha aumentado exponencialmente en la última década, convirtiéndoles en objetivo de muchas grandes compañías, que ya utilizan la "ñ" en sus reclamos y propagandas. Lo latino está de moda: Shakira, Jennifer López, Gloria Estefan, Ricky Martin o Benicio del Toro son algunas de las más populares estrellas latinas. En segundo lugar, los soldados hispanos han muerto en Irak en una proporción mucho mayor a la de su escasa representación política en las magistraturas de la nación: sólo tienen un gobernador, y carecen de senadores o de jueces en el Tribunal Supremo.

En definitiva, a los hispanos ya no se les camela con unas pocas palabras en español macarrónico y un vistoso combo de mariachis amenizando el discurso del político que acude al barrio a buscar votos. Quieren más. Quieren papeles que los legalicen, mejores condiciones de trabajo, atención educativa (son el grupo étnico que registra mayor deserción de las escuelas), acceso sin trabas al sistema sanitario, etc. Y ahora saben que lo pueden pedir: hay elecciones a la vuelta de la esquina.

Texto adaptado, *Blanco y Negro Cultural*, 19 de junio de 2004.

1. "Los hispanos ya no son lo que eran"

a. LEE el texto y CONTESTA.

a. ¿Qué ocurrirá en el futuro con la población hispana de EE.UU?

1. Crecerá, pero no será nunca mayoritaria. ☐
2. Crecerá por encima de la media y será mayoritaria. ☐
3. Crecerá menos que la media y por eso hace falta que aumente la natalidad. ☐

b. ¿Qué implica emplear la letra "ñ"?

1. Que se utilizan palabras raras. ☐
2. Que se usa correctamente la ortografía. ☐
3. Que se escribe en español, único idioma en el que existe la "ñ". ☐

c. Actualmente, la representación política de los hispanos en EE.UU es:

1. Importante. ☐
2. Proporcional. ☐
3. Escasa. ☐

d. ¿Por qué es "típico" llevar mariachis a un acto político en EE.UU?

1. Porque distraen al público para que no se aburra. ☐
2. Porque cantan cosas bonitas a los políticos, que se sienten adulados. ☐
3. Porque son vistosos y son algo claramente hispánico. ☐

b. BUSCA en el texto las palabras o expresiones de la columna de la izquierda. Léelas en contexto y RELACIÓNALAS con los sinónimos de la columna de la derecha.

a. Dirigir el cotarro
b. Camelar
c. Carecer
d. Tomar nota
e. Acontecer
f. Baladí
g. Macarrónico
h. Vistoso
i. Traba
j. A la vuelta de la esquina
k. Reclamo

1. Fijarse, darse cuenta.
2. No tener.
3. Mandar, dominar.
4. Engañar con adulación.
5. Ocurrir.
6. Llamativo.
7. Con fallos y faltas.
8. De poca importancia.
9. Muy pronto.
10. Algo que atrae la atención.
11. Obstáculo, impedimento.

2. La ola latina

Despues de leer el texto.

a. Menciona el ámbito, si lo sabes, al que pertenecen los hispanos famosos que se nombran en el texto y cita a otros conocidos.

b. Explica con tus propias palabras qué es el "Síndrome de Cristóbal Colón" en Estados Unidos.

c. ¿Cómo calificarías el tono de este artículo? (irónico, realista, reivindicativo, negativo, etc.) Razona tu respuesta.

Comprensión auditiva

1. Hispanos en la cima

Antes de escuchar. ¿Qué SIGNIFICAN estas palabras que aparecen en la entrevista?

a. Bienvenidos a nuestro programa "Hispanos en la cima".
   1. la base ☐   2. lo más alto ☐   3. la mitad ☐

b. Hemos entrevistado a figuras tan importantes como Ainhoa Arteta...
   1. persona famosa ☐   2. persona desconocida ☐   3. persona agradable ☐

c. Esta maravillosa y acogedora ciudad.
   1. desconfiada ☐   2. hospitalaria ☐   3. ladrona ☐

d. Callejear por la ribera del río Hudson.
   1. orilla ☐   2. principio ☐   3. desembocadura ☐

e. Utiliza algún medio de transporte para desplazarse por la ciudad.
   1. perderse ☐   2. aislarse ☐   3. moverse ☐

f. Tower Records, mi principal debilidad neoyorquina.
   1. repugnancia ☐   2. indiferencia ☐   3. afición ☐

g. Nueva York es el faro del mundo.
   1. la ciudad más grande ☐   2. el punto de referencia ☐   3. la ciudad más alta ☐

2. Habla Ángel Corella

 a. ESCUCHA y CONTESTA.

a. ¿Qué tienen en común Ainhoa Arteta, Benicio del Toro y Ángel Corella, según la audición?
   1. Son españoles que han triunfado en el extranjero.
   2. Son cantantes hispanos que viven en Estados Unidos.
   3. Son artistas hispanos que viven o trabajan en Nueva York.

b. La entrevista es sobre...
   1. La ciudad de Nueva York.
   2. La carrera artística de Ángel Corella.
   3. Las ciudades del mundo que están de moda.

c. ¿Qué dice Ángel Corella sobre la ciudad en la que vive?
   1. "Esta ciudad me lo ha dado todo".
   2. "Esta ciudad me ha dado de todo".
   3. "Esta ciudad no me ha dado todo".

d. ¿Cuántas horas ensaya Ángel Corella?
   1. Entre ocho y diez horas a la semana.
   2. Entre ocho y diez horas, seis días a la semana.
   3. Entre ocho y diez horas todos los días de la semana.

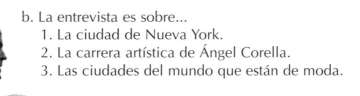

e. Le gusta mucho callejear.
   1. Por el parque *Union Square*.
   2. Por La Quinta Avenida.
   3. Por la "zona cero".

f. Utiliza el metro.
   1. Siempre.
   2. Nunca.
   3. A veces.

 b. ESCUCHA otra vez y ANOTA lo siguiente:

a. Un consejo que da Ángel Corella a todo el mundo sobre Nueva York.
b. Algo que le hace sentirse orgulloso.
c. ¿Qué es lo que se aprecia en el metro de Nueva York?

–3. Un paseo por la ciudad

a. LEE este fragmento de la entrevista:

> "De camino a la sede del American Ballet Theatre siempre me paro en Tower Records, mi principal debilidad neoyorquina. Me siento muy orgulloso cuando entro en esta tienda de discos y vídeos y veo un cartel de mi compañía de danza."

¿Se refiere Ángel Corella a...?
a. lo que le ocurrió un día ☐   b. sus costumbres ☐   c. sus deseos ☐

Justifica tu respuesta.

b. ELIGE uno de estos 3 temas y DESCRIBE:

- El camino entre tu casa y tu lugar de trabajo o estudio. ¿Qué medio de transporte utilizas? ¿En qué sitios te detienes? ¿Qué cosas hay interesantes?
- Un barrio por donde te gusta "callejear" (pasear sin rumbo fijo) en tu tiempo libre.
- Lo que más te llama la atención de tu ciudad.

Ejemplo:
Tengo por costumbre pasear por el casco antiguo de mi ciudad casi todos los fines de semana.
A menudo me paro en las tiendas de antigüedades y compro cosas curiosísimas.
Jamás he ido a la universidad a pie. Está muy lejos de casa.

Para ayudarte

Adverbios de frecuencia.	
Siempre > Casi siempre	*Una vez al año*
Generalmente > Normalmente	*Dos veces al mes*
Con frecuencia > A menudo	*Tres veces por semana*
A veces > De vez en cuando	*Un día sí y otro no*
Nunca > Casi nunca > Jamás	*Cada quince días*

Lengua

 **ORACIONES DE RELATIVO**

Las oraciones adjetivas o de relativo, introducidas por los pronombres y adverbios de relativo quien, quienes, que, cuyo, cuanto, donde, cuando, como se forman:
• Con Indicativo (acción constatada o real): *coge el melocotón que está maduro.*
• Con Subjuntivo (acción no constatada): *coge el melocotón que esté maduro.*
Pueden ser:
• Especificativas: no van separadas por comas de la oración principal.
La oración de relativo identifica al antecedente. Sin ella no sabríamos de qué objeto hablamos.
Coge el melocotón que está maduro. (Solamente el maduro, no cojas los que no lo están).
• Explicativas: van entre comas.
La oración sólo aporta más información sobre el antecedente, que ya está suficientemente identificado.
Coge el melocotón, que está maduro. (Tú ya sabes de qué melocotón estoy hablando, y añado que está maduro).

Algunos relativos:
• Cuyo, cuya, cuyos, cuyas: pronombre relativo que indica posesión o relación. Se emplea tanto para personas como para cosas. Concuerda en género y número con el nombre del objeto poseído.
Ángel Corella, el gran bailarín madrileño, cuya residencia está en Nueva York...
• Donde: adverbio relativo que indica lugar, equivale a en el/la/los/las que...
Me gusta callejear por Broadway, donde está la sede del estudio (...)
• Cuando: adverbio relativo que indica tiempo. Se utiliza en oraciones explicativas.
Los políticos se acuerdan de los hispanos antes de las elecciones, cuando la caza del voto se convierte en el deporte más practicado.
En oraciones especificativas, la relación de tiempo se expresa con preposiciones:
El año en el que...., el periodo durante el cual.

1 **TRANSFORMA las siguientes frases empleando** *cuyo, –a, –os, –as, donde,* **o** *cuando.*

a. Los alumnos de esta profesora van a ir de viaje a México.
    Esta es la profesora ...
b. En este edificio se dan clases de español.
    Este es el edificio ...
c. Vicente conoció a su mujer en 2002. En ese año publicó su primera novela.
    Vicente conoció a su mujer en 2002, ...
d. Las experiencias de este novelista le han ayudado a conseguir el éxito.
    Este es un novelista ...
e. La misión de este Centro Cultural es acercar las culturas hispana y anglosajona.
    Este es un Centro Cultural ...
f. En este instituto estudié el bachillerato.
    Este es el instituto ...

2 **En estas oraciones DECIDE si debe usarse el INDICATIVO o el SUBJUNTIVO. Fíjate en la explicación de cada frase.**

a. Los alumnos que *desean / deseen* matricularse en francés, por favor pasen a la sala 2.
   (No sabemos si hay o no hay alumnos de los que hemos descrito).
b. Vivimos en la casa blanca que *tiene / tenga* flores en el balcón.
   (Sabemos que la casa tiene flores en el balcón).
c. Los que *quieren /quieran* café que levanten la mano.
   (No sabemos quién quiere café).

 USOS DE *COMO*

a. Como es habitual en nuestro programa "Hispanos en la cima"...
b. Hemos entrevistado a figuras tan importantes como Ainhoa Arteta,...
c. Como ensayo entre ocho y diez horas durante seis días a la semana estoy bastante ocupado,...

La palabra "como" aparece en todas las frases. ¿En qué frases tiene alguno de los siguientes significados?
  1. Indica la causa o el motivo: "porque, puesto que".
  2. Indica el modo o la manera en la que se hace algo.
  3. Indica el ejemplo o la comparación.

3 **En el siguiente texto, AÑADE la palabra *como* donde haga falta. (¡Ojo! No confundir con *cómo*).**

Nadie conoce Nueva York mi amiga Sara. Es una verdadera entendida. No trabaja guía turística, pero podría si quisiera. Ella es azafata y ha viajado por todo el mundo, pero estuvo varios años en el puente aéreo entre Madrid y Nueva York, llegó a conocer esa ciudad a fondo. Dormía muchas noches en Nueva York, acabó comprando un apartamento, pequeño una caja de zapatos, pero muy céntrico, en el mismo Manhattan. "Vives una reina", le dicen sus amigos, pero ella no lo cree así. A veces se siente sola y le gustaría tener una mascota, pero viaja mucho, eso sería muy incómodo para ella.

 CONECTORES DEL DISCURSO

• *Pero los hispanos ya no son lo que eran.*
• *En primer lugar, se sienten más fuertes y seguros.*
• *En segundo lugar, los soldados hispanos han muerto en Irak.*
• *En definitiva, a los hispanos ya no se les camela con unas pocas palabras.*

Enumeraciones de argumentos:		Contradicción:	Consecuencia:	Conclusiones:
En primer lugar,...	En segundo lugar,...	Pero	Así que	En definitiva,
Para empezar,...	Además,...	Sin embargo,	Por lo tanto,	En resumen,
Por una parte,...	Por otra parte,...			

4 **Este texto no tiene los suficientes conectores. AÑADE los que hagan falta.**

Andrés solamente tiene quince años. Ya sabe en qué quiere trabajar. Quiere ser médico, por dos motivos. Le gusta hablar con la gente y ayudarla. Le ha gustado desde que era muy pequeño. Su madre es médico y él conoce la profesión. Está habituado a ver pacientes en la consulta esperando, y lleva toda la vida oyendo a su madre hablar de enfermedades y tratamientos. Ha nacido para ser médico. Tiene muchas aficiones, no se aburre nunca. No pasa mucho tiempo dedicándose a esas aficiones, porque estudia muchas horas. Como dice él, "bastante diversión es estudiar las cosas que me gustan".

Taller *de escritura*

Redactar cartas personales

1. Vivir en la ciudad

a. En estos textos se habla de la vida en una ciudad. ASOCIA cada texto (A, B, C, D) al género al que pertenece:

- Carta personal • Texto literario • Guía turística

¿En qué detalles te has fijado para decidir tu respuesta?

A

Barcelona es una ciudad muy interesante y muy cosmopolita, pero no es difícil moverse por ella. Yo llevo sólo dos meses viviendo aquí y ya me apaño bastante bien. Utilizo muchísimo el autobús para ir a todas partes. Antes iba a menudo en taxi, y hablaba bastante con los taxistas, que me contaban muchas cosas de la ciudad, pero sale muy caro...

B

Situada en el valle formado por el río Nervión, y rodeada de montes, Bilbao, capital de la provincia de Vizcaya y la ciudad más grande e influyente del País Vasco, se extiende a lo largo del río, y subiendo por las laderas. El clima es lluvioso y fresco aunque a veces hace mucho bochorno en verano. El barrio de Siete Calles es famoso por sus tascas,...

C

Por eso me sorprenden y me gustan tanto las ventanas grandes de Manhattan, anchas, rectangulares, despejadas, admitiendo espaciosamente el mundo exterior en los apartamentos, revelando en cada edificio, como en capítulos o estampas diversas, las vidas y las tareas de quienes habitan al otro lado de cada una de ellas...

D

México DF es una ciudad enorme. Cuando voy en taxi suelo preguntar al taxista si conoce toda la ciudad. Todos me han confesado que no. De todas maneras, ya me conoces: apenas me muevo de mi barrio sin mi mapa, así que no corro peligro de perderme. Me decías en tu última carta que no conoces México. No sabes lo que te pierdes.

b. RELACIONA las siguientes palabras con la definición correspondiente.

a. Despejado/a	1. Con gente y cultura de muchas partes del mundo.
b. Estampa	2. Arreglárselas, ser capaz de solucionar problemas.
c. Cosmopolita	3. Sin obstáculos para la vista.
d. Apañarse	4. Escena, dibujo de una situación.
e. Ladera	5. Admitir que algo que no gusta es verdad.
f. Bochorno	6. Parte intermedia de una montaña.
g. Confesar	7. Tiempo caluroso y húmedo.

c. ¿Has encontrado en los textos palabras informales?, ¿literarias? ¿técnicas? Da ejemplos.

2. Querido Javier:

En una carta es importante cuidar la forma y el fondo.
Ahora LEE esta carta personal. Está completa pero mal presentada. REDÁCTALA de nuevo.

a. *Fíjate en la forma*
¿Cómo se debe presentar? (fecha, saludo, despedida...) ¿Dónde debe dividirse en párrafos? ¿Qué comas deben incluirse?

b. *Fíjate en el fondo*
¿Cuál es el motivo de la carta? ¿Cuál es el contenido de cada párrafo?
Busca y subraya en el texto cuatro palabras informales que significan:

1) simpático, agradable   2) de mala calidad   3) aterido, congelado   4) echar de menos tu país

> Manchester, 17 de julio. Querido Javier: Te escribo esta carta desde Manchester en el norte de Inglaterra. Llevo ya cinco días y han empezado las clases del cursillo de inglés que estoy haciendo. Los compañeros no están mal aunque hay algunos muy mayores y muy raros. Los profes por lo general bien sobre todo Jack Murray que nos da Traducción Español –Inglés. Es muy majo y hace la clase muy amena. Estamos todos alojados en una residencia universitaria. Nos dijeron que estaba a diez minutos de la Universidad andando pero resulta que tardamos casi veinte minutos (quizá aquí los ingleses tienen las piernas más largas que nosotros o andan más deprisa). Las habitaciones son un poco cutres pero están limpias. Podemos hacernos la comida en una cocina compartida así que espero ahorrar dinero en comidas. El tiempo como imaginaba es fresco y húmedo. Dicho así no parece demasiado malo pero podría decir que estamos todo el día con jerseys y chubasqueros pajaritos de frío y no para de llover. Y tú, ¿qué me cuentas? Seguro que estás todo el día tumbado en la playa sin hacer nada. ¡Qué envidia! Espero verte a mediados de agosto cuando acabe este cursillo. ¡Guárdame algo de arena de la playa! Y no esperes hasta entonces para escribirme. Aunque sea una postal, mándame algo que estoy con un poco de morriña. Bueno esto es todo. Un abrazo de tu amiga Carla.

3. Escribe una carta personal

Has emigrado a otro país y llevas viviendo un mes en una ciudad nueva.
Escribe una carta (unas 150 palabras) a un/–a amigo/–a, con el contenido siguiente:

- Quieres noticias de tu amigo/a y de su familia.
- Tus hábitos diarios en tu nueva ciudad.
- Descripción y comparación de esta ciudad con aquella en la que vivías antes.
- Una anécdota que te ha ocurrido, con un comentario final.

| Llevo un mes... | Resulta que... | Por lo general,... |
| Está a...minutos andando. | Seguro que... | Dicho así,... |

P **ara ayudarte**

Recuerda que...
- El formato debe ser el normal en una carta (saludo, fecha, despedida, etc.).
- El estilo será informal y el tono familiar.
- Es conveniente hacer una lista detallada de todos los puntos que quieres comentar.
- Hay que estructurar la carta en varios párrafos utilizando conectores.

1. "Ventanas de Nueva York"

a. LEE este fragmento y responde a las preguntas.

... *Es una de las paradojas de Nueva York, una entre tantas de sus oposiciones extremas, como la del calor y el frío, el aire acondicionado y la calefacción, la belleza y la fealdad, la opulencia y la miseria, la antipatía y la afabilidad. Un vecino se te cruzará en el largo pasillo torciendo la cara, tensando el cuerpo entero en una hostilidad física dispuesta al rechazo de toda cercanía, y otro te preguntará tu nombre y te dirá el suyo estrechándote la mano, y querrá saber de dónde vienes y cuánto tiempo piensas quedarte en la ciudad.*

Fragmento de *Ventanas de Nueva York*, de A. Muñoz Molina.

a. ¿Qué característica de Nueva York quiere destacar en este fragmento Muñoz Molina?
b. ¿Has estado en Nueva York?
c. ¿Compartes esta opinión sobre los neoyorkinos?
d. ¿Podrías decir lo mismo de la gente de otra ciudad? ¿Cuál?

b. RELACIONA las palabras (A) con las de significado más parecido (B).

A
a. Agresivos
b. Inocentes
c. Reservados
d. Personas de mundo
e. Educados
f. Cerrados
g. Abiertos
h. Agradables

B
1. Afables.
2. Herméticos.
3. Cosmopolitas.
4. Hostiles.
5. Ingenuos.
6. Introvertidos.
7. Extrovertidos.
8. Correctos de trato.

c. Ahora DESCRIBE el carácter de la gente de una ciudad de tu elección.

2. Tópicos

LEE estas frases que dice alguien que está en un país extranjero.

¡Qué horas de comer! ¿Es que no pueden comer a horas normales?

¡Aquí hacen cola para todo!

¡Mira qué hora es y las tiendas cerradas! En mi país estarían abiertas.

No entiendo sus chistes ni su humor.

¿Dónde irán a divertirse? ¿Qué hacen los fines de semana?

a. ¿Has pensado tú algo parecido alguna vez?

b. Elige una de estas frases y explica la situación. ¿Qué diferencia hay con tu país?

c. Imagina qué pensaría un extranjero de esta costumbre en tu país.

d. En grupos, explica anécdotas de incomprensión cultural que te hayan ocurrido a ti o a conocidos tuyos.

e. ¿Qué significado tiene esta frase? "Donde fueres, haz lo que vieres". ¿Estás de acuerdo con ella?

3. ¿Dónde has estado?

En parejas. B HABLA sobre una ciudad que A no conoce.

A	B
Acaba de llegar a la ciudad.	Le explica cosas que debe saber, contestando a las preguntas de A, y ofreciendo más información.

Sevilla

Río de Janeiro

Buenos Aires

Te podemos sugerir:

- El tiempo que hace en las distintas estaciones.
- Transportes: cómo moverse de forma más rápida/barata/cómoda por la ciudad.
- Tiendas/grandes almacenes que ofrecen descuentos a estudiantes.
- Restaurantes típicos/económicos/de comida rápida, etc.
- Supermercados/mercados/tiendas de ultramarinos con productos frescos/biológicos/de calidad, etc.
- La propina que debe dejarse en los sitios, las colas, etc.
- Los monumentos y visitas turísticas más interesantes.
- Las fiestas y aniversarios más importantes.
- Salas de espectáculos, teatros, auditorios, museos, revistas de ocio, otras ofertas culturales, etc.

Tertulia
¿Es tu ciudad hospitalaria?

- Formamos grupos y elegimos un portavoz en cada grupo.
- Discutimos las siguientes cuestiones.

- *¿Hay muchos inmigrantes / turistas en tu ciudad? ¿Por qué?*
- *¿Es tu ciudad hospitalaria? ¿Por qué?*
- *¿Es fácil para el inmigrante / visitante sentirse integrado?*

- Al final, los portavoces resumen lo tratado en los diversos grupos. Se puede hacer un turno final para aclaraciones o conclusiones en el que participe toda la clase.

INTERVENIR 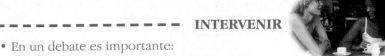 **EN LA TERTULIA.**

- En un debate es importante:
- *Justificar las respuestas con argumentos.*
- *Estructurar las intervenciones de cada uno utilizando expresiones y conectores del discurso.*

Facultad de medicina de la Universidad Complutense.
Madrid. España.

Unidad 3
Campus

Objetivos

■ **Competencias pragmáticas:**

• Hablar de la formación universitaria.
• Solicitar información por escrito.
• Localizar acciones en el tiempo.
• Corregir una información.

■ **Competencias lingüísticas:**

Competencia gramatical
• Infinitivo e Infinitivo Perfecto.
• Gerundio y Gerundio Perfecto.
• Oraciones temporales.
• Conectores del discurso II.

Competencia léxica
• Las profesiones.
• Los estudios universitarios.

■ **Conocimiento sociocultural:**

• La universidad en España.
• Tipo de profesionales que buscan las empresas.

Recursos y tareas

■ Comprender intervenciones orales sobre experiencias universitarias.

■ Comprender un texto periodístico sobre el perfil profesional.
• Discutir sobre el candidato ideal.

■ Taller de escritura.
• Redactar una carta formal.

■ Vídeo.
• Descubrir una realidad sociocultural: la universidad.

Comprensión auditiva

1. La universidad para todas las edades

a. LEE este texto e infórmate.

> Sergio, Gonzalo e Ignacio pertenecen a generaciones separadas por veinte años. Como ellos, en España hay 1.525.659 universitarios, según datos del Ministerio de Educación y Ciencia. El 28% tiene menos de 21 años; el 48% entre 21 y 25 años; el 14% de 26 a 30 años y aún hay un 10% de alumnos universitarios que tienen más de 30 años.
>
> Texto adaptado de *El Mundo*.

b. Vamos a escuchar a estos tres estudiantes hablando sobre su experiencia universitaria. Primero LEE las presentaciones de cada uno y numera a quién CORRESPONDE cada intervención.

A

Sergio Ayala tiene 18 años y desde hace tiempo ha tenido claro que quería ir a la Universidad, más que nada, por la satisfacción de tener hecha una carrera. Quiere trabajar en la enseñanza cuando termine Filología Italiana. Se ha matriculado por primera vez este año.

B

Gonzalo Mañueco, de 46 años, es entrenador de baloncesto. Decidió formarse mejor para aportar más a los jóvenes que prepara. Cambió de trabajo para poder hacer la carrera de Pedagogía (sólo el 18% de los universitarios trabaja al tiempo que estudia), donde hay más chicas que chicos (en su clase son sólo dos varones).

C

Ignacio Carrascal, 67 años, dice que seguirá estudiando hasta que se canse. En esta última convocatoria de exámenes ya ha pasado dos noches en vela, para desesperación de su mujer, a quien le gustaría que se tomase su segunda carrera con más calma. Este químico de profesión decidió, con 63 años, reconvertirse en historiador, según él, para aprovechar los libros de Historia que su hija había dejado abandonados en casa.

2. Un profesor "hueso"

¿Qué SIGNIFICAN estas palabras o expresiones? Elige la mejor opción.

a. ¿Cuál es la palabra que va mejor con "servicios"?
   1. conceder servicios ☐   2. prestar servicios ☐   3. llevar a cabo servicios ☐

b. ¿Cuál de estas expresiones significa "aprovechar"?
   1. tener en cuenta ☐   2. sacar partido ☐   3. estar por ver ☐

c. ¿Qué es una asignatura?
   1. una materia ☐   2. un estudio ☐   3. una especialidad ☐

d. Un profesor "hueso" es aquel que...
   1. pone exámenes difíciles ☐   2. pone exámenes fáciles ☐   3. es poco amistoso ☐

e. Si una persona está nerviosa se dice que es un … de nervios.
   1. puño ☐   2. montón ☐   3. manojo ☐

f. ¿Qué te pasa si te quedas "en blanco"?
   1. te olvidas de todo ☐   2. te quedas limpio ☐   3. vuelves a empezar ☐

3. ¿Lo has entendido?

 Lee las preguntas, ESCUCHA de nuevo las tres intervenciones y CONTESTA.

a. ¿Qué carrera estudia cada uno?
1. Sergio:
2. Gonzalo:
3. Ignacio:

b. ¿Quién la estudia...
1. ... porque le conviene en su actividad habitual?
2. ... porque tenía esa área de conocimiento abandonada?
3. ... porque le gusta?

c. ¿Cuántas horas estudian a la semana?
1. Sergio:
2. Gonzalo:
3. Ignacio:

d. ¿A quién le resulta difícil...
1. ... decidirse a estudiar?
2. ... asistir a clase por el horario?
3. ... leer ciertos libros?

e. ¿Cuáles son las asignaturas que más les gustan y cuáles las que menos a cada uno?

4. Elige una carrera

RELACIONA cada nombre de profesión con el de la carrera universitaria y la descripción de la actividad correspondiente.
COMPLETA los nombres de profesiones y las descripciones de su actividad.

Especialidad	Especialista	Actividad
Medicina	periodista	cuida la salud
Arquitectura	profesor/a	redacta noticias
Derecho	arquitecto/a	hace planos de casas
Filología	abogado/a	resuelve asuntos legales
Periodismo	médico/a	da clases de idiomas
Veterinaria	....	....
Pedagogía	....	....
Física	....	....

5. Cuéntame cómo te ha ido

Elige algunas de las preguntas y RESPONDE, usando las expresiones del cuadro:

a. ¿Qué asignaturas se te dan / daban bien?
¿Y las más odiadas? ¿Por qué?
b. ¿Cuántas horas estudias / estudiabas a la semana?
c. ¿Por qué elegiste tus estudios / tu profesión?
d. ¿Qué carrera universitaria te parece más interesante? ¿Por qué?
e. ¿Qué esperas / esperabas de la Universidad?

Para particularizar: para mí / en mi caso / yo... / según... / lo que...
Para indicar exactitud: precisamente / justo...
Para mostrar certeza / probabilidad: desde luego / a lo mejor / yo tenía muy claro que...

Hablar de destrezas
• me/te/le/... resulta + adjetivo + a + (persona)
• me/te/le ... cuesta + Infinitivo
• algo me/te/le/... sale bien/mal/mejor/peor/etc.
• llevar algo bien/mal/mejor/peor/etc.
• algo se me/te/le/... da bien/mal/mejor/peor/etc.

Para ayudarte

1. El candidato ideal

LEE el artículo periodístico y RELACIONA cada párrafo con el encabezamiento que le corresponde. Subraya las partes de los párrafos que contienen la información necesaria para decidir.

a Haber trabajado en cualquier cosa.

b Tener una referencia prestigiosa.

c Saber enjuiciar situaciones y adaptarse rápidamente.

d Vestir sin estridencias

e Ser optimista.

f Practicar deporte.

g Ser casi bilingüe.

1 La iniciativa y el esfuerzo son cualidades ligadas a una actitud positiva. En cuestión de carácter, las empresas demandan gente que no se desanime, con una personalidad fuerte y que sepa aguantar los fracasos.

2 Las empresas necesitan personas con capacidad de adaptación a las necesidades del entorno, que es muy cambiante en un corto período de tiempo, universitarios ágiles con capacidad para tener flexibilidad en el ámbito de trabajo y para relacionarse con distintos contextos profesionales.
Para una empresa grande moderna, aceptar la movilidad funcional y geográfica es uno de los requisitos básicos a la hora de contratar a un recién licenciado.

3 Siempre que se habla de "buena presencia", en realidad (salvo en empleos muy específicos en los que se sube mucho el nivel) se está hablando de normalidad y, sobre todo, de forma de vestir correcta y clásica. La presencia física ha de transmitir a quien nos está entrevistando que estamos seguros de nosotros mismos y que sabemos estar, adaptarnos a las situaciones.

4 Aunque sea cuidando niños, poniendo copas o en una hamburguesería, tener un trabajo, incluso si no tiene que ver con la carrera, da una idea de responsabilidad en la vida. Una empresa que ofrece un puesto de trabajo ve con buenos ojos que alguien haya realizado alguna actividad profesional mientras estudiaba. Tener cualquier tipo de trabajo aporta serenidad y conocimientos prácticos del mundo laboral.

5 Sigue siendo imprescindible el inglés. De hecho, la mayoría de las grandes empresas hacen la entrevista de selección en inglés. El proceso de selección de licenciados en una gran multinacional suele incluir una primera fase de pruebas psicotécnicas e inglés, y luego una segunda fase de dinámica de grupo. También se valora mucho el idioma de la casa matriz.

6 Enchufes aparte, haber pasado por una escuela de negocios prestigiosa, estar en la bolsa de trabajo de una institución de toda confianza o haber hecho un máster reconocido ayuda mucho. En muchos centros de enseñanza superior se mantiene relación con antiguos alumnos que ahora, al cabo de varios años, están en puestos directivos en numerosas empresas. Los antiguos alumnos se dirigen a esos centros cuando necesitan contratar a alguien, con la idea de tener una preselección hecha. Confían en que les manden gente que pueda responderles.

7 ¡Ojo! Están mejor vistos por las empresas los deportistas que los intelectuales, así que tengamos esto en cuenta. El deporte aporta muchos valores. Por ejemplo, la capacidad de esfuerzo, el hábito del trabajo en equipo y la necesidad de aguantar cuando uno se siente frustrado por no obtener el éxito que quería. Todos estos valores se parecen a los que pide una empresa.

Texto adaptado, Leonor Hermoso, *El Mundo*.

2. La movilidad funcional

a. Ahora LEE de nuevo y CONTESTA a las preguntas.

a. Una persona que "tiene iniciativa" es la que...
  1. toma decisiones y actúa por su cuenta ☐
  2. se lo piensa todo muy bien antes de actuar ☐
  3. tiene buenas ideas antes que los demás ☐

b. Un sinónimo de "aguantar" es...
  1. rendirse ☐
  2. vencer ☐
  3. resistir ☐

c. La movilidad funcional se refiere a...
  1. actuar en varios contextos a la vez ☐
  2. cambiar de función en la empresa ☐
  3. la capacidad de adaptarse muy rápidamente ☐

d. La expresión "saber estar" se refiere a...
  1. el comportamiento ☐
  2. los estudios ☐
  3. los conocimientos prácticos ☐

e. "Ver con buenos ojos" es...
  1. perdonar ☐
  2. considerar algo positivo ☐
  3. estudiar a fondo ☐

f. Si algo es "imprescindible", es que...
  1. es completamente necesario ☐
  2. es imposible ☐
  3. no se puede comprender ☐

g. Un "enchufe" es...
  1. un golpe de suerte ☐
  2. una recomendación de alguien influyente ☐
  3. una crítica mala ☐

h. Cuando decimos "¡ojo!" queremos...
  1. espantar la mala suerte ☐
  2. felicitar a alguien por su inteligencia ☐
  3. alertar de un riesgo ☐

b. Pon otro título al artículo.

Punto de vista

En parejas. HABLA con tu compañero y CONTESTA brevemente a las preguntas.

a. ¿Qué características pueden ir ligadas a una actitud negativa y cuáles a una actitud positiva?
b. Imagina qué posibles "cambios" se pueden producir en el "contexto profesional" de un empleado de una gran empresa moderna.
c. Piensa en dos ejemplos de cosas "correctas" y dos "incorrectas" en cuanto a la presencia.
d. ¿Qué te parecen los ejemplos de empleos? ¿Qué clase de trabajos son? ¿Por qué crees que se han utilizado estos ejemplos?
e. ¿Por qué crees que se valora el idioma "de la casa matriz"?
f. ¿Qué se da a entender por "tener la preselección hecha"?
g. ¿De qué pueden carecer "los intelectuales" según la autora del texto?

 Lengua

 INFINITIVO E INFINITIVO PERFECTO

> • El Infinitivo puede tener funciones de sustantivo.
> *Estar en la bolsa de trabajo es importante.*
>
> Cuando se utiliza con preposiciones el Infinitivo tiene diferentes valores:
> Temporal: al + Infinitivo   *Al entrar en casa se encontró un ramo de flores.*
> Condicional: de + Infinitivo   *De darte prisa, llegarías a tiempo.*
> Concesivo: con + Infinitivo   *Con hacerlo bien, no será suficiente.*
> Causal: por + Infinitivo   *Por pedir, lo conseguiste.*
> Final: a / para/ por + Infinitivo   *Han venido a visitarnos.*
>   *Queda mucho trabajo por hacer* (acción inacabada).
>
> • El Infinitivo Perfecto indica acción previa ya terminada.
> *Es conveniente haber hecho un máster.*

 GERUNDIO Y GERUNDIO PERFECTO

> • El Gerundio equivale, fundamentalmente, a un adverbio.
> Puede tener diferentes valores: causal, condicional, modal, etc.
> *Muchos estudiantes trabajan cuidando niños o poniendo copas.*
>
> • El Gerundio Perfecto se refiere a una acción ya acabada.
> *Habiendo terminado la entrevista, el candidato se retiró.*

1 **TRANSFORMA las frases para utilizar un Infinitivo precedido de preposición.**

a. Cuando volvía de la oficina, se paró a comprar el pan para la cena.
b. Si yo lo hubiera sabido, no habría venido.
c. Iremos en metro, ya que queremos tardar menos.
d. Dado que no pagué la multa en su momento, ahora tengo que pagar el doble.

2 **RELLENA los huecos con la forma correcta de los verbos que aparecen entre paréntesis: Infinitivo, Infinitivo Perfecto, Gerundio, Gerundio Perfecto.**

(1)......... (estudiar) una carrera no es ningún seguro para (2) .... (conseguir) ese primer trabajo que resulta tan difícil. Los jóvenes licenciados se pasan el día (3) .... (leer) las páginas de anuncios de trabajo y (4) .... (mandar) su currículum a diversas empresas. Algunos se arrepienten de (5) .... (hacer) una carrera conocida y tradicional, como Derecho o Económicas, mientras que en otros sectores hay una gran demanda de especialistas, y antes incluso de (6) .... (acabar) la carrera ya están las empresas más interesantes (7) .... (mandar) ofertas de trabajo a los estudiantes. "¡Qué envidia! ¡Qué torpeza no (8) .... (elegir) alguna de estas carreras tan prometedoras!", pensarán algunos. Pero ahora , (9)......... (hacer) cuatro cursos de una carrera, ya es demasiado tarde.

CORREGIR UNA INFORMACIÓN

> • A veces queremos precisar con exactitud una información o corregir alguna errónea:
> - *Estás tiritando. ¿Tienes fiebre?*   - *No. Lo que tengo es frío.*
> También podemos emplear "no..., sino": *No tengo fiebre, sino frío.*
> Pueden darse las dos construcciones a la vez:
> *"... lo que demanda la empresa no es un especialista, sino alguien que tenga la mentalidad muy abierta...".*
>
> • A veces la corrección de la información consiste en añadir algo. Para ello se emplea:
> no sólo..., sino (también) + adjetivo: *Marta no sólo es dinámica, sino también responsable.*
> no sólo..., sino que + verbo conjugado: *Pedro no sólo llamó, sino que además vino él mismo a casa.*

3 CAMBIA las frases empleando *lo que... no es... sino...* en a, b, c y *no sólo... sino (que)...* en d, e, f.

a. Yo no estudio Derecho, estudio Económicas.

b. Necesitas más tiempo, no más ayuda.

c. Demandan gente con entusiasmo, no intelectuales.

d. Conducir rápido es ilegal. Además, es peligroso.

e. Te regalarán el ordenador. Además, te lo instalarán.

f. Aprueba los exámenes. Saca buenas notas en todos.

 ORACIONES TEMPORALES

> • Seguir + Gerundio expresa continuidad de una acción.
>   *Seguirá estudiando toda la vida. Seguirá estudiando hasta que se canse.*
>
> • Llevar + Gerundio (+ una expresión de tiempo) expresa la duración de una acción.
>   *Llevo tres horas estudiando y ya no puedo más.*
>
> • Antes de/ Después de expresan anterioridad o posterioridad de una acción respecto a otra.
>   + Infinitivo: el sujeto de las dos oraciones es el mismo.
>   *Suelo estudiar después de cenar.*
>   + que + Subjuntivo: el sujeto de las dos oraciones es diferente.
>   *Ya antes de que me lo planteara mi mujer, yo tenía muy claro...*
>
> • Mientras expresa simultaneidad de varias acciones.
>   + Indicativo: cuando la acción se sitúa en el presente o pasado.
>   *Se ve con buenos ojos que alguien haya realizado alguna actividad profesional*
>   *mientras estudiaba.*
>   + Subjuntivo: cuando la acción se sitúa en el futuro.
>   *Mientras sigas hablando no te interrumpiré.*
>
> • Siempre que expresa que un acontecimiento se produce todas las veces que se produce otro.
>   *Suele equivaler a cuando.*
>   + Indicativo: tiene valor de presente o pasado.
>   *Siempre que se habla de "buena presencia", se está hablando de forma de vestir correcta.*
>   + Subjuntivo: tiene valor de futuro. *Ven a verme siempre que quieras.*

4 COMPLETA las frases con la forma correcta del verbo.

a. El trabajo tiene que estar terminado antes de .... (venir) la directora.

b. Siempre que .... (hablar, nosotros) de política acabamos discutiendo.

c. Después de .... (cerrar) su tienda, Marina solía volver a casa andando.

d. ¿Cuántos años llevas .... (comprar) el mismo periódico?

e. Por favor, pon la mesa mientras yo .... (preparar) la cena.

f. Mientras nos .... (quedar) dinero, podremos seguir en el hotel.

1. Estimados señores:

a. LEE estas dos cartas y analízalas según los siguientes aspectos:

- Nivel de formalidad, tacto y respeto.
- Concisión y claridad (repeticiones, ambigüedades, etc.).
- División en párrafos y presencia de conectores.

b. ¿Cuál te parece más adecuada a la situación? JUSTIFICA tu respuesta.

Moncho Planas
C/ Los Olivares, 11
08025 Barcelona

9 de abril de 2005

Hola, señores.
Yo soy un estudiante que quiere estudiar en su Centro. Me han dicho que está fenomenal.
Ah, lo que pasa es que no tengo ni un duro, así que tendré que trabajar un poco. (¡Qué lata!, ¿verdad?) Bueno, esto es para el verano, que es cuando me quedaré en España.
¿Cuánto vale estudiar ahí? Espero que no sea caro porque no tengo mucho dinero.
Necesito un alojamiento barato. Me gustaría vivir con una familia. ¿La comida es buena en esa ciudad? Tengo el estómago delicado. Una vez estuve en África, me puse muy enfermo por la comida. Ahora quiero tener cuidado.
Bueno, quiero que me envíen información sobre los cursos. Ya sabe, todo eso de los horarios, el precio de la matrícula, etcétera.
¡Ah!, por cierto, ¿tienen cursos de Turismo? Es mi especialidad, así que me vendría bien. Quiero ser guía turístico cuando acabe mis estudios. Siempre me han gustado el Arte y la cultura. por eso quiero viajar por Europa este verano, para conocer el arte europeo, y de paso me gustaría perfeccionar un poco mi inglés.
Bueno, creo que eso es todo. Espero que me contesten pronto, porque si no, tendré que escribir a otro centro.
Un abrazo muy cordial.

Moncho Planas

Carles Albert Casanova
C/ Roselló, 55
08029 Barcelona

Formación a la carta
C/ Barquillo, 3
28010 Madrid

1 de marzo de 2005

Estimados Sres. :

Les escribo porque estoy interesado en los cursos de verano que ofrecen en su centro. He leído un anuncio suyo en la revista "Formación y Promoción" y me parece que su institución puede ser el centro adecuado para mí.
Soy un universitario de Barcelona. Tengo veinte años. Estoy estudiando tercer curso de Ciencias Económicas y este verano quisiera aprovechar mis vacaciones para hacer un curso intensivo de Banca Privada en julio o en agosto. Creo que tengo un nivel bastante alto, pero necesito mejorar mis destrezas en este campo. Además, me gustaría profundizar mis conocimientos de informática, porque esto me va a hacer falta en mi futura profesión. Es más, creo que necesitaría tener unas cinco horas de clase al día en total.
Por lo tanto, les agradecería que me enviaran toda la información posible sobre sus cursos, incluyendo el coste de la matrícula y de libros y materiales de curso. También necesito información sobre alojamiento. No tengo mucho dinero, así que preferiría una residencia de estudiantes, especialmente si puedo conseguir un descuento con la tarjeta de estudiante.
Por otra parte, estaría interesado en realizar algún trabajo durante mi estancia, siempre que me deje suficiente tiempo para estudiar. De este modo podría conseguir el dinero suficiente para prolongar mi estancia. Asimismo, les agradecería que me informaran acerca de las posibilidades de realizar prácticas en empresas de la zona.
Por último, si conocen alguna beca para estudiantes como yo, me gustaría solicitarla. Les agradezco de antemano su interés y espero sus prontas noticias. Les saluda atentamente,

Carles Albert Casanova

2. Prepara tu carta

a. LEE los siguientes nexos y EMPLEA algunos para completar las frases:

Para ayudarte

- Añadidura:

Además,...	lo que sigue refuerza lo anterior.
Es más,...	lo que sigue es más importante que lo anterior.
Por cierto,...	se pasa a otro tema relacionado.
Incluso...	introduce algo añadido, más extremo que lo anterior.
Bueno,...	indica que se quiere cambiar de tema.

- Consecuencia:

Por lo tanto,...	introduce la consecuencia de lo anterior. Va seguido de coma.
Así que...	introduce la consecuencia de lo anterior. No va seguido de coma.

- Contradicción:

Aunque...	lo que sigue contradice lo anterior. No va seguida de coma.
Mejor dicho, ...	lo que sigue aclara o explica lo anterior.
En vez de...	lo que sigue sustituye a lo anterior.
Al menos...	limita o restringe lo dicho antes.
En cambio, ...	lo que sigue es distinto a lo anterior.

a. Clara dice que no le apetece venir. .... , creo que no se encuentra bien.

b. Gorka viste muy bien. Su hermano, ... , va como un andrajoso.

c. Eva es guía turística. .... , tiene una agencia de viajes.

d. .... quejarte tanto podrías ayudar un poco.

e. Hemos quedado para cenar. .... no podrás ver el partido por la tele.

f. No aguanto a Jaime .... sea amigo tuyo.

g. Juan tiene tres hermanos. ...., tiene dos hermanos y una hermana.

h. Esta ciudad ha cambiado mucho, ... en cuanto a las tiendas. Lo demás está casi igual.

b. Di qué frases serían aceptables en una carta formal.

a. Dígame cuánto cuesta una habitación a la semana.

b. Recientemente he tenido ocasión de leer un anuncio de Vds. que me sorprendió gratamente.

c. Le agradecería que me informase si es posible conseguir un trabajo por horas.

d. Si hay Internet en cada cuarto, fenomenal, y si hay una sala de ordenadores también me apaño.

e. Ah, sí. ¿Lo de las comidas?

f. ¿Está permitido llevar animales? Se trata de un perro pequeño.

3. Redacta una carta formal

Eres el Director de Recursos Humanos de una pequeña empresa y quieres solicitar información a un centro especializado en cursos de formación para empresas. ESCOGE las ideas que merezca la pena mencionar y REDACTA una carta:

- Horario y lugar del curso.
- Estudios realizados por los empleados.
- Tareas que suelen llevar a cabo.
- Tres de tus empleados tienen alergia al polen.
- Necesidad de realizar las sesiones sólo por la tarde.
- Situación familiar de los empleados: 55% casados, 42% con hijos.
- Has oído hablar muy bien del Centro de Enseñanza.
- Tienes dos empleados discapacitados físicos en silla de ruedas.
- Cuánto dinero podría costar la formación.

España

en directo

España es... universidad

1. ¿Has estudiado en la universidad?

Antes de visionar

- ¿Va mucha gente a la universidad en tu país?
- ¿Qué requisitos hay que cumplir para poder estudiar en la universidad?
- ¿Es caro cursar estudios universitarios?
- ¿Cuáles son los estudios más demandados en tu país?
- ¿Qué te parece la universidad para la 3ª edad?

2. Ven a la universidad española

Primer visionado. Después de ver una vez la escena, CONTESTA a las preguntas.

Metro

Ciudad Universitaria

a. ¿En qué ciudad están?

    1. Madrid ☐   2. Sevilla ☐   3. Barcelona ☐

b. ¿Dónde tiene lugar la entrevista?

    1. En un parque ☐   2. En el campo ☐   3. En el campus de una universidad ☐

c. ¿De qué hablan?

    1. Del trabajo ☐   2. de los estudios ☐   3. de problemas personales ☐

3. Asignatura pendiente

a. **Estas palabras aparecen en la entrevista. RELACIONA cada palabra con su significado.**

a. Carrera	1. Examen de ingreso en la universidad en España.
b. Periodismo	2. Sumar varias cifras y dividir el resultado por el número de cifras.
c. Selectividad	3. Estudios universitarios.
d. Media	4. Estudios necesarios para trabajar de periodista.
e. Diplomatura	5. Que debe hacerse por fuerza.
f. Obligatorio	6. Que puede hacerse si se quiere.
g. Optativo	7. Examinar y calificar.
h. Evaluar	8. Título universitario de grado medio.

b. LEE estos fragmentos de la entrevista y adivina por el contexto el significado de las expresiones que aparecen en cursiva.

a. ... [la sevillana] ha pasado *con creces* esta prueba.
   1. con esfuerzo ☐   2. de sobra   ☐   3. con ayuda de alguien ☐

b. ... [en algunas asignaturas] *te lo juegas* todo en junio.
   1. te arriesgas   ☐   2. te diviertes   ☐   3. representas un papel   ☐

c. Si la nota *no te llega*, o eliges otra carrera, o...
   1. no la recibes   ☐   2. no es suficiente ☐   3. no está lista a tiempo ☐

C. Segundo visionado. ¿Lo has entendido?

a. ¿Cómo se llama? ¿Qué carrera estudia...? Rellena este carné con los datos de la entrevistada.

b. ¿Cómo se calcula la nota de cada alumno para ver si puede optar a una carrera determinada?
c. ¿En qué caso hay que repetir la Selectividad en septiembre?
d. ¿Cuál es el horario de clases de la entrevistada?
e. ¿Qué tres sistemas de evaluación se mencionan?
f. ¿Qué es lo que cuesta 1.080 euros?
g. ¿Qué hace más costoso todavía el estudiar una carrera en el caso de la entrevistada?

4. Exámenes sí, exámenes no.

Debate:
Un examen en junio, varios exámenes parciales, trabajos, asistencia a clase.
• ¿Cuál es la mejor forma de evaluar?
• ¿Qué entendemos por una evaluación "buena" (la que es fácil, la que es justa, la más exacta...).
• Da tu propia explicación.

¿TU VIDA ES MÓVIL?

Campaña publicitaria de FACUA.

FACUA

© FEDERACIÓN DE CONSUMIDORES EN ACCIÓN DE ESPAÑA

Unidad 4
Adictos a las nuevas tecnologías

Objetivos

■ **Competencias pragmáticas:**

• Hablar de nuevas tecnologías y costumbres.
• Hablar de adicciones y sus consecuencias.
• Describir un perfil psicológico.

■ **Competencias lingüísticas:**

Competencia gramatical
• Formas tónicas de pronombres con preposición.
• Pronombres relativos.
• Pronombres relativos con preposición.

Competencia léxica
• Perfil psicológico.
• Las adicciones modernas.

■ **Conocimiento sociocultural:**

• Uso del teléfono móvil.
• Uso educativo de páginas de la red.
• Adicciones.

Recursos y tareas

■ Comprender un artículo periodístico.

■ Comprender una entrevista.
• Hablar de la adicción a las nuevas tecnologías.

■ Taller de escritura.
• Escribir correos electrónicos.

■ Tertulia.
• Expresar la opinión sobre las "adicciones modernas".

Alerta sobre la "movildependencia"

MADRID.- La Federación de Consumidores en Acción (FACUA) advierte que el uso abusivo y muchas veces compulsivo del teléfono móvil está derivando en un aumento del gasto mensual de millones de familias y en una auténtica "adicción" para numerosos consumidores, que llegan a sufrir trastornos físicos y psicológicos cuando olvidan el móvil en casa o se quedan sin batería.

"¿Tu vida es móvil?" es el lema de la campaña de FACUA, protagonizada por una joven unida a su móvil a través de unas cadenas que le cuelgan del cuello. La Federación advierte que aunque las numerosas ventajas de la telefonía móvil son innegables, muchos usuarios deben empezar a plantearse si están convirtiéndose en auténticos "movildependientes". En relación a las tarifas, FACUA advierte que llamar desde un móvil es once veces más caro que desde un teléfono fijo. De hecho, una llamada nacional con un móvil cuesta más que llamar desde un fijo a EEUU o a los países de la UE, pero cada vez son más los consumidores que dan de baja sus líneas fijas con la muchas veces errónea creencia de que el ahorro de una cuota mensual compensa las diferencias tarifarias. Un importante porcentaje de población prefiere llamar por el móvil que hacerlo desde las cabinas ubicadas en las calles y establecimientos, desde los que las llamadas resultan menos caras. Un estudio realizado en Gran Bretaña cuyas conclusiones fueron publicadas en 2000 por la revista médica "British Medical Journal" señala que los cigarrillos están siendo sustituidos por teléfonos móviles en las manos de la población adolescente y que la conducta de éstos respecto a los celulares es igual de obsesiva y adictiva que con el tabaco. FACUA señala que la publicidad de los móviles, especialmente dirigida a los adolescentes, es de hecho muy parecida a la del tabaco. En lugar de centrarse en sus tarifas, los anuncios muestran el móvil como un instrumento que da independencia, libertad, permite integrarse en un grupo, estrechar lazos con los amigos, igual que la publicidad de cigarrillos. Recientemente, un equipo de investigadores de la Universidad británica de Lancaster ha presentado un estudio, realizado sobre más de 150.000 abonados, que pone de manifiesto que uno de cada tres usuarios está enganchado a su teléfono móvil, unas cifras de adicción que doblan los de otro estudio similar realizado el año pasado.

Texto adaptado, elmundo.es, 17 de noviembre de 2004.

1. "Movildependiente"

a. COMPLETA este cuadro y SELECCIONA el sinónimo que más se aproxime entre los 8 verbos propuestos.

VERBO	SINÓNIMO
a. Advertir	
b. Plantearse	
c. Dar de baja	
d. Decrecer	

1. Aumentar   5. Cancelar
2. Contratar   6. Disminuir
3. Dudar   7. Llamar la atención
4. Notar   8. Pensar

b. DEFINE las siguientes palabras a partir de sus componentes y HAZ una frase en la que se aprecie claramente su sentido.

Ejemplo: *Tecnoadicto: adicto a la técnica (o a la tecnología).*
Mi hermano es un tecnoadicto, se pasa todo el fin se semana
navegando en Internet y jugando con videojuegos.

    a. Innegable
    b. Movildependiente

c. BUSCA en el texto las palabras que significan:

a. Que te obliga a actuar por un impulso incontrolable.
b. Que se aprovecha de las circunstancias y es exagerado o desproporcionado.
c. Resultado obtenido de calcular un tanto por ciento de una cantidad.
d. Frase que expresa la idea más importante y llama la atención en un mensaje publicitario.
e. Cantidad que debe abonarse periódicamente por un servicio.

2. ¿Tu vida es móvil?

LEE el texto y contesta a las preguntas.

a. ¿Cuáles son las consecuencias del uso abusivo del móvil?
b. ¿Qué les pasa a ciertas personas cuando no pueden disponer de su teléfono móvil?
c. ¿Cuál es la diferencia de precio entre llamar desde un móvil o hacerlo desde un fijo?
d. ¿Qué es lo que creen los usuarios que dan de baja el teléfono fijo?
e. ¿Llama la gente más desde las cabinas?
f. ¿Qué aspectos atractivos del móvil resalta la publicidad?
g. ¿En qué medida ha aumentado el número de adictos al móvil según la Universidad de Lancaster?

Punto de vista

COMENTA con tu compañero:

    a. Cuánto y cuándo utilizas el teléfono móvil.
    b. En España el uso del móvil está generalizado. ¿Cuál es el uso que
       hace la gente del teléfono móvil en tu país?

Comprensión auditiva

1. Adicción y nuevas tecnologías

a. Antes de escuchar.

- ¿Qué es tener una adicción?
- ¿Qué problemas tiene una persona que sufre una adicción?

b. AVERIGUA el SIGNIFICADO de estas palabras y expresiones que van a aparecer en la audición:

a. Apreciarse
   1. que se nota   ☐ 2. que baja de precio   ☐ 3. que sube de precio   ☐
b. Estar enganchado
   1. estar molesto   ☐ 2. ser dependiente   ☐ 3. ser independiente   ☐
c. Autocontrol
   1. Controlar a otro   ☐ 2. no controlar nada   ☐ 3. controlar su propia conducta   ☐
d. Déficit
   1. Algo complicado   ☐ 2. falta algo esencial   ☐ 3. no falta nada   ☐
e. Autoestima
   1. confianza en uno mismo ☐ 2. autonomía   ☐ 3. autosuficiencia   ☐
f. Introversión
   1. desconfianza   ☐ 2. comunicar lo que se siente ☐ 3. no comunicar lo que se siente ☐
g. Desintoxicación
   1. falta de información   ☐ 2. curación   ☐ 3. despreocupación   ☐
h. Abstinencia
   1. presencia   ☐ 2. ausencia   ☐ 3. no hacer algo   ☐

2. Habla una psicóloga

ESCUCHA la audición y CONTESTA a las preguntas:

a. ¿En qué y dónde trabaja Kontxi Báez?
b. ¿Cuál es el título de su conferencia?
c. ¿Cuánto tiempo "metido en Internet" se considera preocupante?
d. ¿Cuánto pueden llegar a gastar las personas que están enganchadas al teléfono móvil?
e. ¿Cuáles son los servicios de Internet que crean más problemas?
f. ¿Qué características psicológicas tiene el adicto a Internet?
g. ¿Cómo se cura la adicción a Internet?

3. Ventajas e inconvenientes de Internet

a. **REFLEXIONA sobre el uso educativo de páginas web y COMPLETA este cuadro.**

USO EDUCATIVO DE PÁGINAS WEB	
VENTAJAS	**INCONVENIENTES**
Acceso a mucha información.	Visión parcial de la realidad.
Interés. Motivación.	Búsqueda del mínimo esfuerzo.
....	....

b. **COMENTA con tu compañero cuáles son los aspectos de la red que te parecen positivos y los que te parecen negativos para la educación. ARGUMENTA tus puntos de vista.**

Ejemplo: *A veces los estudiantes hacen trabajos que son simples copias de la información que han encontrado en Internet.*

4. ¿Enganchado?

En parejas: FORMULA las siguientes preguntas a tu compañero.

    a. ¿Usas Internet? ¿Lo usan tus amigos y familiares?
    b. ¿Con qué frecuencia te conectas a Internet?
    c. ¿Qué páginas de Internet visitas más?
    d. ¿Qué informaciones son más rápidas a través de la red?
    e. ¿Qué cosas has dejado de hacer desde que usas Internet?
    f. ¿Has conocido a algunas personas por Internet?
    g. ¿Ha cambiado tu vida desde que utilizas la red?

Punto de vista

En grupos: HABLA sobre la adicción a las nuevas tecnologías.

a. ¿Qué diferencia hay entre adicción y afición?
b. ¿Conoces casos de adicción? Explica algún detalle o cuenta una anécdota interesante.
c. ¿Crees que es un problema grave?

Lengua

Preposición	Forma tónica del pronombre	
a	mí	*Me lo dijo a mí.*
de	ti	*No se fía de ti.*
para	él – ella – ello – sí	*Esto es para él.*
con	nosotros – nosotras	*Cuenta con nosotros para la cena.*
sin	vosotros – vosotras	*Lo haré sin vosotros.*
por	ellos – ellas – sí	*Lo hizo por ellas.*

• Después de la preposición con los pronombres mí, ti y sí se transforman en conmigo, contigo y consigo. *Se enfadó conmigo. Contamos contigo. Está muy contento consigo mismo.*

• Después de las preposiciones entre, excepto, incluso, menos, salvo, hasta y según se usan yo y tú, en lugar de mí y ti. *Entre tú y yo lo haremos.*

• El pronombre sí tiene valor reflexivo. *Es capaz de hacerlo por sí mismo.*

1 COMPLETA las siguientes expresiones con el pronombre adecuado:

a. Esa persona trabaja en mi oficina. Trabaja ....

b. Te han traído esta carta certificada. Es para ....

c. El acusado se culpó a .... mismo.

d. Me dio recuerdos para Josefa. Se acuerda mucho de ....

e. Brindemos por todos ....

f. Javier, ¿podemos contar .... para la fiesta?

g. El piso nos gusta mucho, nos quedamos con ....

h. Haz un esfuerzo, vienen todos menos ....

ñ LOS PRONOMBRES RELATIVOS

Los pronombres relativos que, quien, el que, el cual introducen una oración adjetiva o de relativo y se refieren a un nombre, casi siempre mencionado antes.

• Que: es invariable y se refiere tanto a personas como a cosas.
Las personas que utilizan demasiado Internet pueden volverse tecnoadictas.
Introduce tanto oraciones especificativas como explicativas (ver apartado *Lengua*, pág. 32).
Tiene que tener siempre antecedente. *Los usuarios que se han dado de baja del móvil...*

• Quien: se refiere siempre a una persona y tiene plural: quienes. Equivale a *el/la + que*.
Puede funcionar con o sin antecedente. *Quien te vendió ese coche te engañó.*
Cuando lleva antecedente, sólo funciona con oraciones explicativas.
Bill Gates, quien lidera el mundo de los ordenadores personales, se ha enriquecido.

• El que: se refiere tanto a personas como a cosas, varía en género y número: la que, los que, las que, lo que. *Es Antonio el que ha llamado. Estas galletas son las que prepara mi madre.*
Cuando se emplea sin antecedente expreso funciona como un sustantivo.
Las que quieran participar, que lo hagan.

> • El cual: se refiere tanto a personas como a cosas, varía en género y número: *la cual/los cuales/ las cuales/lo cual*. Se utiliza siempre en oraciones explicativas.
> Se usa artículo + *cual* para marcar el antecedente.
> *He recibido un paquete, el cual pesa mucho.*

 PRONOMBRES RELATIVOS CON PREPOSICIÓN

> Las oraciones de relativo llevan una preposición cuando su antecedente no es ni el sujeto ni el complemento directo de persona.
> *Nos sentamos en un banco. El banco estaba recién pintado. El banco en el que nos sentamos estaba recién pintado.*
> *Él estaba enfermo. No vino por esta razón. La razón por la cual no vino es que estaba enfermo.*

2 **COMPLETA los espacios en blanco con el pronombre relativo adecuado. En ocasiones habrá más de una respuesta correcta posible.**

a. Los invitados .... vienen a cenar son vegetarianos.

b. .... no tiene móvil ni usa el ordenador no vive en el mundo moderno.

c. Ese es de .... piensan que lo saben todo.

d. Ese es el motivo por .... nunca volvió a trabajar en esa empresa.

e. Vinieron .... fueron convocados a la reunión.

f. Le preguntó a su compañero, ... era un experto en la materia.

3 **A partir de las dos frases FORMA una sola oración con el pronombre relativo adecuado haciendo los cambios que sean necesarios.**

Ejemplo: *El vecino de Javier es muy famoso. El vecino de Javier vive en el quinto.*
     El vecino de Javier que vive en el quinto es muy famoso.

a. Él aprendió español en Colombia – Él trabaja de traductor de español en el Congreso.

b. Visitamos a su tío – Él no veía a su tío desde hacía veinte años.

c. Alguien sabe toda la verdad – Alguien debe decirla.

d. Ese médico vivió muchos años en China – Ese médico practica la acupuntura.

4 **HAZ una sola frase uniendo los dos pares que te damos.**

Ejemplo: *Él está saliendo con una chica. La chica es una actriz muy conocida.*
     La chica con la que está saliendo es una actriz muy conocida.

a. Vamos a ir de viaje por una carretera / La carretera está cortada.
     La carretera ....

b. Hemos invitado al cine a un amigo. / El amigo no ha ido nunca al cine en España.
     El amigo ....

c. Sin esta herramienta no podemos arreglar la avería. / No tenemos la herramienta.
     No tenemos la herramienta ....

d. La empresa atraviesa dificultades. / Él trabaja para esa empresa.
     La empresa ....

e. Este café es el más antiguo del barrio / En ese café se han reunido escritores durante décadas.
     El café ....

f. Hay una montaña / Desde la montaña se ve una vista panorámica de toda la ciudad.
     Hay una montaña ....

Taller *de escritura*

Escribir correos electrónicos

1. edelsa@edelsa.es

El correo electrónico cada vez se usa más para una comunicación rápida. Es un texto breve escrito normalmente de forma inmediata y con poco tiempo.

A través del correo podemos escribir cartas personales, pero también mensajes muy cortos, cartas comerciales, oficiales, etc.

a. **LEE estos tres correos electrónicos.**

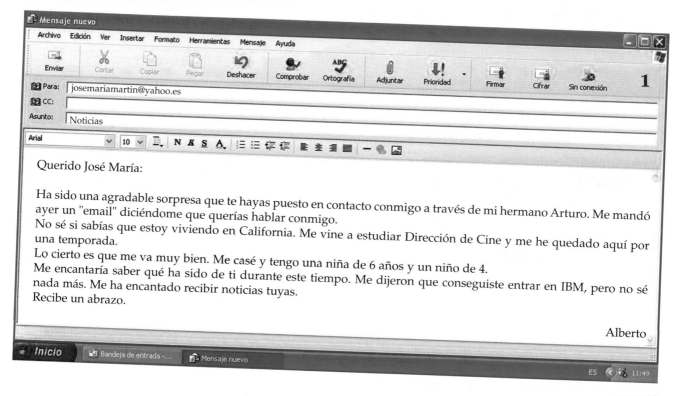

Para: josemariamartin@yahoo.es
CC:
Asunto: Noticias

Querido José María:

Ha sido una agradable sorpresa que te hayas puesto en contacto conmigo a través de mi hermano Arturo. Me mandó ayer un "email" diciéndome que querías hablar conmigo.

No sé si sabías que estoy viviendo en California. Me vine a estudiar Dirección de Cine y me he quedado aquí por una temporada.

Lo cierto es que me va muy bien. Me casé y tengo una niña de 6 años y un niño de 4.

Me encantaría saber qué ha sido de ti durante este tiempo. Me dijeron que conseguiste entrar en IBM, pero no sé nada más. Me ha encantado recibir noticias tuyas.

Recibe un abrazo.

Alberto

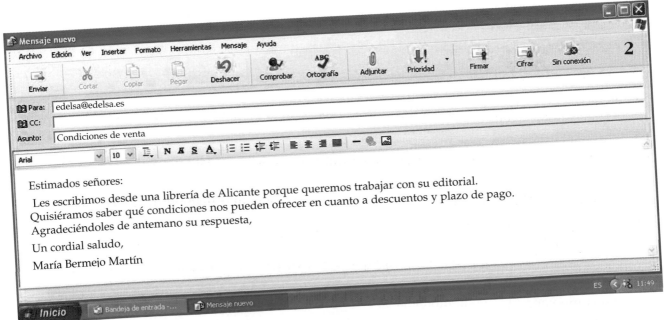

Para: edelsa@edelsa.es
CC:
Asunto: Condiciones de venta

Estimados señores:

Les escribimos desde una librería de Alicante porque queremos trabajar con su editorial.

Quisiéramos saber qué condiciones nos pueden ofrecer en cuanto a descuentos y plazo de pago.

Agradeciéndoles de antemano su respuesta,

Un cordial saludo,

María Bermejo Martín

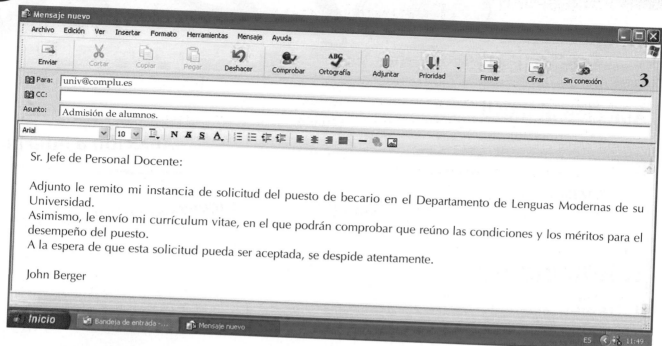

b. ¿De qué TIPO de correo se trata en cada caso?

c. FÍJATE en las diferentes partes de los tres correos electrónicos y anota los elementos más importantes.

	Correo 1	Correo 2	Correo 3
Saludo			
Cuerpo del texto			
Despedida			
Firma			

2. Escribir correos electrónicos

ELIGE un tema concreto para cada tipo de correo y ESCRIBE tres correos electrónicos cortos.

a. Personal:
-anunciar una visita, comunicar la imposibilidad de asistir a un acto, comentar una noticia privada.

b. Comercial:
-hacer una oferta, responder a una oferta, comprar un producto, reclamar, pedir un catálogo.

c. Oficial:
-realizar una consulta sobre un problema administrativo, formular una solicitud (de una beca, una convalidación de estudios, etc.).

• Cuida la ortografía y la corrección.
• Ten en cuenta el estilo (formal, informal) que debes emplear.
• Ordena las ideas y organiza el texto.

Adicción al móvil

Adicción al trabajo

Adicción a Internet

Adicción a las compras

ADICCIÓN A LOS JUEGOS DE AZAR

1. Adicciones

a. LEE estos textos sobre diferentes adicciones.

Adicciones sociales

Cada vez son más los adictos sociales al alimento, el juego, la compra, la televisión, Internet y el trabajo. Aunque todos estos elementos constituyen parte de la salsa de la vida, su poder adictivo es capaz de enganchar al consumidor o usuario que abusa de alguno de ellos o que se halla instalado en una situación vulnerable, definida por la baja autoestima, la soledad, el estrés, el vacío existencial o la depresión. La agrupación de las adicciones sociales o adicciones en las que no hay sustancia química presente se ha extendido mucho en los últimos años.

Texto adaptado, *El País,*
2 de mayo de 2000.

La adicción al juego y los más jóvenes

Si hace diez años la media de edad de los adictos al juego era de 43 años, ahora las asociaciones de jugadores rehabilitados tienen en tratamiento a jugadores con una edad media de 30 años. Además se dan también casos en menores de edad y aflora la dependencia a otras adicciones relacionadas con Internet, los videojuegos, la telefonía móvil y las compras compulsivas. Las últimas afectan de manera especial a niños y adolescentes.

Texto adaptado, *El País,*
27 de noviembre de 2004.

Adicción a los SMS

Según un psicoterapeuta, cada vez hay más personas con adicción a los mensajes de texto (SMS) de los teléfonos móviles, una "enfermedad real y seria porque causa daños mentales y financieros". Asegura que "el problema lleva a depresiones y desórdenes de personalidad, por no mencionar las facturas telefónicas cada vez más elevadas". Basa su pronóstico en la creciente proporción de usuarios "enganchados" a los móviles entre los pacientes que llegan a su clínica para someterse a una terapia de adicción.

Texto adaptado, *El Mundo,*
12 de julio de 2004.

b. A partir de los textos, REFLEXIONA y RESPONDE a las preguntas acerca de diferentes aspectos del problema:

- ¿Cómo se manifiesta una adicción? ¿Cuáles son los síntomas?
- ¿Cuál es el perfil psicológico de una persona adicta?
- ¿Qué tipo de personas tiene más riesgo de sufrir adicciones?
- ¿Qué tipo de adicción te parece más grave y por qué?
- Aparte de la terapia, ¿qué medidas se te ocurren para solucionar el problema?

Tertulia

¿Cómo remediar las adicciones "modernas"?

Teniendo en cuenta todos los elementos de juicio que han aparecido, cada uno de los participantes en la Tertulia manifiesta su opinión. Es conveniente argumentar las opiniones propias.

Te podemos sugerir:

- Necesidad de disfrutar de más relax.
- Impulso incontrolable.
- Insatisfacción personal o frustración.
- Búsqueda de emociones.
- Soledad.
- Evasión.
- Peso de la publicidad.
- Sentimiento de culpa.
- Abandono de otras actividades.
- Unas adicciones pueden llevar a otras.

• **Se forman grupos.**

- Cada grupo elige un tipo de adicción.
- Se seleccionan los argumentos.
- Se ordenan las ideas para hacer una exposición oral.

• Los portavoces de los grupos, por turnos, empiezan sus exposiciones.
• Se abre un segundo turno de réplica.
• Los estudiantes no portavoces pueden pedir la palabra e intervenir con preguntas y comentarios.

El juez Emilio Calatayud en una sala de audiencia.
Granada. España.

Unidad 5
¿Culpable o inocente?

Objetivos

■ **Competencias pragmáticas:**

• Presentar una denuncia.
• Expresar la opinión y argumentar.
• Intervenir en un foro de Internet.
• Formular un reproche.

■ **Competencias lingüísticas:**

Competencia gramatical
• Oraciones causales.
• Oraciones consecutivas.
• Usos del futuro.
• Lamentar un hecho pasado: *Tener que / deber*.

Competencia léxica
• La justicia.
• La seguridad vial.

■ **Conocimiento sociocultural:**

• La justicia en España.
• El carné de conducir por puntos.

Recursos y Tareas

■ **Comprender un diálogo y una noticia.**
• Contar un robo o una estafa.

■ **Comprender un artículo periodístico sobre la justicia.**

■ **Taller de escritura.**
• Intervenir en un foro de Internet.

■ **Tertulia.**
• Expresar la opinión sobre la responsabilidad compartida.

Comprensión auditiva

1. Me han robado el bolso

a. **Antes de escuchar: discusión.**

- ¿Qué objetos suelen robarse con mayor frecuencia?
- ¿En qué clase de lugares se producen más robos?
- ¿Qué precauciones hay que tomar para evitar los robos?

b. **Estas palabras aparecerán en un diálogo. COMPLETA las frases con ellas.**

1. interrumpir	2. denuncia	3. cremallera	4. empujón	5. robo	6. recuperar

a. Si su perro vuelve a meterse en mi jardín a estropearme las flores le voy a poner una ....

b. El defensa central le dio un tremendo .... al delantero, haciéndole caer al suelo.

c. Hemos perdido mucho dinero en la bolsa, y va a ser difícil de ....

d. Ha habido un .... en casa de los vecinos. Se han llevado todas las joyas y el dinero.

e. ¡Oiga! No se puede .... una conferencia así. Apague el móvil ahora mismo.

f. Se me ha atascado la .... de la chaqueta y no la puedo abrir.

c. **MIRA esta ilustración. ¿Cuántos objetos puedes identificar?**

2. En una comisaría

 a. **Beatriz está haciendo una denuncia en una comisaría cerca de su lugar de trabajo. ESCUCHA y CONTESTA verdadero o falso.**

	V	F
a. La mujer denuncia que le han golpeado con un bolso.	☐	☐
b. El bolso es negro, de gran tamaño y de piel.	☐	☐
c. La cartera contenía 150 euros además de tarjetas de crédito.	☐	☐
d. La señora llamó para que no anularan las tarjetas.	☐	☐
e. Dentro del bolso sólo había una cartera y un pañuelo de seda.	☐	☐
f. Todo ocurrió al salir del metro, en una calle solitaria.	☐	☐
g. Nadie vio lo que había sucedido.	☐	☐
h. El policía reprocha: no tendría que haber llevado el bolso abierto.	☐	☐

b. Se divide la clase en parejas. La mitad de las parejas REPRESENTA una escena en la que se denuncia un robo:

| un coche o una moto | una cartera | un reloj | una maleta |

- **A** presenta una denuncia por el robo de algún objeto arriba mencionado, y **B** es el funcionario que hace las preguntas y rellena el impreso de denuncia.
- **La otra mitad de las parejas representa una escena en la que alguien acude a la comisaría para informar de que ha encontrado un objeto (también arriba mencionado) en la calle:**
- **A** presenta la información y **B** es el funcionario que apunta los datos.
- Ahora se cotejan los partes de robo y los partes de objetos encontrados, para ver si hay coincidencias. Se intercambia la información hablando. En ningún caso se enseñan los partes.

3. Detección de vehículos robados

a. Las palabras (a, b, c, d, e) aparecen en la audición; RELACIÓNALAS con su sinónimo.

| a. Operar | b. Detección | c. Localización | d. Dispositivo | e. Inversión |

| 1. Descubrimiento | 2. Mecanismo | 3. Actuar | 4. Ubicación | 5. Compra |

b. COLOCA los siguientes verbos y nombres en la columna adecuada: *operar, descubrimiento, localización, detección, actuar, ubicación, inversión,* y COMPLETA el cuadro.

VERBO	operar						
NOMBRE							

c. Ahora LEE estas preguntas, ESCUCHA esta noticia de la radio y CONTESTA.

a. ¿Para qué sirve el sistema utilizado por la Guardia Civil?
b. ¿Es muy eficaz? ¿Por qué?
c. ¿Cómo escondieron un coche para realizar la prueba?
d. ¿Cuál es el tiempo máximo de búsqueda?
e. ¿A qué corresponde la cifra "ciento setenta y tres mil"?
f. ¿Cuánto cuesta el contrato a tres años?:
       180 € ☐   450 € ☐   600 € ☐
g. ¿En qué tipo de coche se suele instalar este dispositivo?

Punto de vista

¿Has sido alguna vez víctima de un robo o de una estafa?

a. Cuenta lo que pasó, describe los objetos robados o las cantidades estafadas. Explica dónde, cómo y cuándo sucedió.
b. Los compañeros hacen comentarios sobre cómo se podría haber evitado el robo.

Ejemplo: *...iba por una calle oscura y solitaria por la noche...*
- *No tendrías que haber ido por una calle oscura.*

1. La Justicia ejemplar

a. MIRA estas fotos. ¿Cómo te hacen sentir? DA TU OPINIÓN sobre las penas de prisión y las de servicios comunitarios empleando palabras o expresiones del recuadro.

la cárcel	el servicio comunitario	el castigo	la venganza
la prevención del delito	aprovechar el tiempo	el gasto	deprimente
la reinserción social	la depresión	la educación	perder el tiempo

Emilio Calatayud es juez de menores de Granada. Sus sentencias son tan inusuales que le han hecho conocido. El motivo es muy sencillo: el juez Calatayud no quiere castigar al delincuente, sino rehabilitarlo. Lo que intenta es reinsertar al delincuente, y para eso emplea la fórmula siguiente: los delitos se pagan sirviendo a la sociedad. Por lo tanto, en vez de penas de prisión (internamiento para menores) o multas, muchas veces las sentencias consisten en servicios en beneficio de la comunidad. He aquí algunas muestras de las sentencias del juez Calatayud:

"Por conducir de forma temeraria, patrullarás con la Policía Local".
"Por robar varias veces, aprenderás a leer".
"Por conducir borracho, atenderás a víctimas de accidentes en el hospital".
"Por robar a un inmigrante sin papeles, ayudarás a los inmigrantes que llegan en pateras".
"Por maltratar a un sin techo, repartirás comida entre indigentes".

Hay tantos ejemplos que resulta imposible reunirlos todos. A menudo la condena está relacionada no sólo con el delito, sino también con el delincuente. Por ejemplo, un pirata cibernético (un "hacker") entró en varias empresas y provocó daños por un valor de 2.000 euros. La sentencia fue dar cien horas de clase de informática a estudiantes. Asimismo, a un inmigrante senegalés, por vender cd's piratas, le "condenó" a aprender español. La intención es siempre favorecer la reinserción, mostrar al delincuente que puede hacer cosas a favor de los demás.
Estas medidas siempre dependen de una actitud positiva del condenado. Es necesario que el joven reconozca su culpa, su responsabilidad. Esto no siempre se puede conseguir, pero las estadísticas están a favor del juez Calatayud. Un 80% de sus condenados no reinciden. Además, no se le puede criticar por falta de eficacia. Este juez resuelve unos ochocientos casos al año. En algunos días ha llegado a resolver más de cuarenta casos en menos de dos horas. Lo que también puede constatarse es que los jóvenes tienen con él muy buena relación. Quizá el secreto de este juez es que de joven él también fue un chico difícil y cometió pequeños delitos. Su padre lo metió en un internado con fama de duro.
Incluso cuando impone penas de internamiento en un centro de menores, busca por todos los medios la reinserción. Un interno de 19 años se rehabilitó tan satisfactoriamente que le ofrecieron un empleo dentro del mismo centro, ayudando a otros internos.

Texto adaptado, Ildefonso Olmedo,
Magazine n°245, *El Mundo*. 6 de junio de 2004.

b. ESCOGE la opción correcta para completar las frases.

a. La finalidad de las sentencias es .... al delincuente en la sociedad otra vez.
 1. reclamar ☐ 2. reconsiderar ☐ 3. reinsertar ☐

b. El hecho de que el juez haya venido a ver el lugar del accidente es una .... de su interés.
 1. toma ☐ 2. muestra ☐ 3. cantidad ☐

c. Conducir a gran velocidad y en sentido contrario es, evidentemente, conducción...
 1. temeraria ☐ 2. temerosa ☐ 3. temible ☐

d. Para conducir un coche es .... tener un permiso de conducir.
 1. conveniente ☐ 2. obligatorio ☐ 3. recomendable ☐

e. Tras beber toda la noche acabó totalmente ...
 1. enfermo ☐ 2. indispuesto ☐ 3. borracho ☐

f. Cientos de inmigrantes .... se manifestaron ayer reclamando permisos de trabajo.
 1. sin papeles ☐ 2. sin permisos ☐ 3. sin cartas ☐

g. En invierno se agrava el problema de los .... que viven en la calle.
 1. nómadas ☐ 2. deambulantes ☐ 3. sin techo ☐

h. Clara no tiene absolutamente nada. Es una ...
 1. infractora ☐ 2. indigente ☐ 3. invidente ☐

2. Los delitos se pagan sirviendo a la sociedad

LEE el texto y CONTESTA a las preguntas.

a. ¿Cuál es la opción que no interesa al juez Calatayud?
 1. Redimir.
 2. Castigar.
 3. Reinsertar.

b. ¿Cuándo aplica el juez "servicios comunitarios"?
 1. Siempre.
 2. Si el delito es poco importante.
 3. Si el delincuente tiene una actitud positiva.

c. ¿Qué afirmación es verdadera?
 1. Los jóvenes tienen miedo al juez.
 2. El juez obtiene buenos resultados.
 3. Con las penas de internamiento, la reinserción es imposible.

d. ¿Por qué lleva comillas la palabra "condenó" en el tercer párrafo?

3. "Por robar varias veces, aprenderás a leer"

a. DISCUTE las sentencias del juez Calatayud. ¿Qué crees que pudo conseguir con cada una? ¿Cuál te parece menos apropiada? ¿Por qué?

b. En parejas, IMAGINA servicios comunitarios apropiados para los siguientes delitos:

• Hacer "pintadas".
• Robar en un supermercado.
• Vandalismo: romper mobiliario urbano.
• Quemar un bosque.
• Conducir sin carné.
• Maltratar a la novia.

Ejemplo: *Yo creo que por robar en un supermercado el delincuente debería repartir comida a gente necesitada. Así comprendería que hay gente que necesita comida y no puede pagarla.*

c. Explica las propuestas de tu pareja a la clase. Se votarán las más apropiadas.

Lengua

 ORACIONES CAUSALES

Para expresar la causa de una acción o situación se utilizan las siguientes conjunciones o locuciones con Indicativo:
• Como, que, pues, ya que, dado (que), puesto que, gracias a (que), es que.
Como llueve, cogeré el paraguas.
• Porque se construye con Indicativo y "no porque" con Subjuntivo.
Me voy porque estoy muy cansada, no porque no me guste el sitio.

 ORACIONES CONSECUTIVAS

Para expresar la consecuencia de una acción o situación se utilizan las siguientes conjunciones o locuciones con Indicativo:
• Tan / tanto /a/os/as… que, de manera / modo que, / así (es) que, luego, conque, por consiguiente, por (lo) tanto, por eso y así pues.

• Tan… que va seguido de un adjetivo o un adverbio:
Sus sentencias son tan inusuales que le han hecho conocido.
…se rehabilitó tan satisfactoriamente que le ofrecieron un empleo dentro del mismo centro.
• Tanto… que va seguido de un sustantivo y concuerda en género y número con este sustantivo:
Hay tantos ejemplos que resulta imposible reunirlos todos.
Tanto que es invariable:
Gritó tanto que le oyeron todos los vecinos.

• De manera / modo que, así (es) que. *Nadie te va a oír, de manera que no vale la pena chillar.*
Por consiguiente, por (lo) tanto, por eso, y así pues, pueden emplearse como conectores a principio de la frase y van seguidos de coma:
No nos queda dinero. Por consiguiente, no podemos ir a un restaurante.

1 COMPLETA las frases con *tan* o *tanto/–a/–os/–as* (a, b, c, d) y con *porque* o *así que* (e, f, g, h).

a. Escapó ……… deprisa que la policía no pudo atraparlo.
b. Ha sido detenido ……… veces que ya lo conocen en la comisaría.
c. Hay ……… violencia por la noche que ya apenas salimos.
d. Le hicieron ……… daño que fue al hospital a ver si le habían roto algún hueso.
e. Necesito mi moto esta tarde, ……… devuélveme las llaves.
f. Hemos instalado una alarma en casa ……… nos han robado dos veces.
g. Me han robado la cartera, ……… no tengo mi carné de identidad.
h. La policía le dejó en libertad ……… no tenía pruebas contra él.

USOS DEL FUTURO

En la frase "por robar varias veces, aprenderás a leer", ¿por qué está el verbo en futuro?
1. Porque el delincuente no ha realizado todavía lo que ordena el juez.
2. Porque no es seguro, sino sólo probable, que vaya a cumplir la sentencia.
3. Porque aquí el futuro equivale a un imperativo: se trata de una orden.

 LEE estas frases y DECIDE cuál de los tres usos del futuro se hace en cada una.

a. Los ladrones habrán entrado por alguna ventana, porque la puerta está cerrada con llave.
b. Cuando llegue la policía, les contaré todo lo que he visto.
c. Fernando, tú recogerás la mesa, y tú, Víctor, fregarás los platos, ¿vale?
d. Los alumnos de tercer curso podrán realizar el examen con diccionario.
e. - ¿Por qué no contestará Ramón al teléfono?
   - No sé. Estará ocupado.

 LAMENTAR UN HECHO PASADO: *TENER QUE / DEBER*

• Tener que y Deber pueden emplearse en Pretérito Imperfecto de Indicativo o Condicional, seguidos del Infinitivo Perfecto para referirnos a hechos pasados que lamentamos y expresar las alternativas que hubiéramos deseado.
Tenía que haber denunciado **el robo antes.** *Debía haber llevado* **menos dinero encima.**
Tendría que haber denunciado **el robo antes.** *Debería haber llevado* **menos dinero encima.**

• Deber también se puede utilizar en Pretérito Indefinido. *Debí llevar menos dinero.*

• Tener que, sin embargo, en Pretérito Indefinido tiene otro significado: presenta el hecho como ocurrido, con matiz de obligación o necesidad.
Como no tenía mucho dinero tuve que *contentarme con comer un bocadillo.*

 ESCRIBE frases indicando lo que tendría que haberse hecho en cada caso y utiliza *tendría que haber...* **en la persona adecuada.**

Ejemplo: *Los padres del muchacho no se ocupaban de él.*
Los padres del muchacho tendrían que haberse ocupado (más) de él.
a. Le pagaron muy poco por su trabajo.
b. El examen fue demasiado difícil.
c. El joven delincuente no recibió suficiente ayuda en la rehabilitación.
d. No hemos echado suficiente gasolina.
e. Hablamos mucho, pero hicimos muy poco.
f. Llamaste a la policía demasiado tarde.

 COMPLETA las frases con *deber* **o** *tener que* **en Pretérito Indefinido.**

a. No había nadie para jugar al tenis, así que ……… irme a casa.
b. Malgastó todo el dinero que le di. No ……… dárselo.
c. Menos mal que no ……… (tú) esperarme demasiado.
d. ¡Qué pena que te perdieras! ……… acompañarte yo.
e. Juan hizo mal al no decirte nada. ……… advertirte antes.
f. Ahora están todas las mesas ocupadas. ……… llamar por teléfono para reservar, pero nos confiamos.

Taller *de escritura*

Intervenir en un foro de Internet

1. ¿Cómo funciona el carné por puntos?

a. LEE los fragmentos de estos artículos y RELACIONA cada párrafo con el título apropiado.

El ministro de Interior acaba de anunciar la implantación del carné por puntos. Se adoptará el nuevo permiso, ya instaurado en Francia, Gran Bretaña, Alemania e Italia, desde hace varios años, con buenos resultados.

a

La confianza que se deposita en un conductor cuando obtiene el permiso de conducir se va retirando mediante la resta de puntos si éste comete infracciones, hasta el extremo de poder retirarse el documento en los casos más graves.

b

El Comisariado Europeo del Automóvil (CEA) no está en absoluto de acuerdo con la implantación del permiso de conducir por puntos. Para esta asociación, el carné por puntos vulnera los derechos constitucionales.

c

El gobierno cree que el carné por puntos es la mejor manera de estimular el buen ejercicio de la responsabilidad de los conductores hacia la sociedad. El fin es reducir la cifra de 5.400 muertos anuales en las carreteras españolas.

d

Una vez que el permiso de conducir es retirado, el conductor sancionado tendrá que examinarse otra vez. Si sólo ha perdido parte de los puntos, puede recuperar 4 puntos realizando un curso de sensibilización y reeducación de entre 10 y 12 horas, aunque sólo se podrá realizar uno cada dos años. También se recuperarán los 12 puntos íntegros en caso de no cometer ninguna infracción en tres años.

e

No hay unanimidad en cuanto a la medida 1

Las consecuencias de las infracciones de tráfico 2

El ejemplo europeo 3

La finalidad de la medida 4

Cómo conseguir 5 puntos otra vez

b. ¿Cuántos puntos se pierden por estas infracciones? En parejas DECIDE cuántos puntos (de 1 a 8) quitarías por cada infracción. Luego PREGUNTA a tu profesor la solución.

- Uso del teléfono móvil.
- No respetar la señal de Stop o semáforo rojo.
- No utilizar el cinturón de seguridad.
- Darse a la fuga en caso de accidente con heridos.
- Alcoholemia igual o superior a 0,8 g/l de sangre.

2. En la carretera

Estas palabras aparecen en las intervenciones del foro. ASOCIA cada palabra con su definición.

a. Infractor	1. No detenerse en un semáforo en rojo.
b. Saltarse	2. Persona que no respeta las normas de tráfico.
c. Abuchear	3. Superficie de la carretera por donde circulan los vehículos.
d. Drenaje	4. Resbaladizo.
e. Firme	5. Insultar a voces.
f. Deslizante	6. Sistema para retirar el agua de un sitio.
g. Guardarraíl	7. Buscar un camino más corto que el normal.
h. Socavón	8. Protección en el borde de la carretera.
i. Atajar	9. Bache, agujero en una carretera.
j. Recaudar	10. Recoger dinero por medio de impuesto o multa.

3. ¿Qué le parece este sistema?

a. LEE estas intervenciones en un foro sobre el tema del carné por puntos.

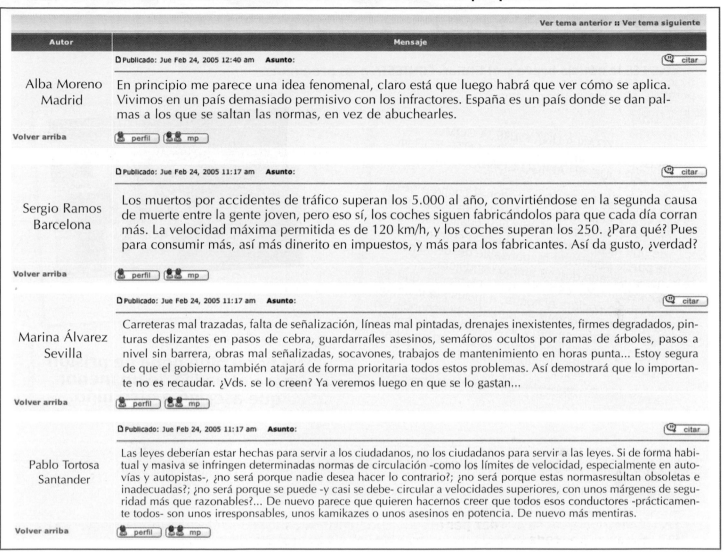

Autor	Mensaje
	Ver tema anterior :: Ver tema siguiente

Publicado: Jue Feb 24, 2005 12:40 am **Asunto:** · citar

Alba Moreno
Madrid

En principio me parece una idea fenomenal, claro está que luego habrá que ver cómo se aplica. Vivimos en un país demasiado permisivo con los infractores. España es un país donde se dan palmas a los que se saltan las normas, en vez de abuchearles.

Volver arriba · perfil · mp

Publicado: Jue Feb 24, 2005 11:17 am **Asunto:** · citar

Sergio Ramos
Barcelona

Los muertos por accidentes de tráfico superan los 5.000 al año, convirtiéndose en la segunda causa de muerte entre la gente joven, pero eso sí, los coches siguen fabricándolos para que cada día corran más. La velocidad máxima permitida es de 120 km/h, y los coches superan los 250. ¿Para qué? Pues para consumir más, así más dinerito en impuestos, y más para los fabricantes. Así da gusto, ¿verdad?

Volver arriba · perfil · mp

Publicado: Jue Feb 24, 2005 11:17 am **Asunto:** · citar

Marina Álvarez
Sevilla

Carreteras mal trazadas, falta de señalización, líneas mal pintadas, drenajes inexistentes, firmes degradados, pinturas deslizantes en pasos de cebra, guardarraíles asesinos, semáforos ocultos por ramas de árboles, pasos a nivel sin barrera, obras mal señalizadas, socavones, trabajos de mantenimiento en horas punta... Estoy segura de que el gobierno también atajará de forma prioritaria todos estos problemas. Así demostrará que lo importante no es recaudar. ¿Vds. se lo creen? Ya veremos luego en que se lo gastan...

Volver arriba · perfil · mp

Publicado: Jue Feb 24, 2005 11:17 am **Asunto:** · citar

Pablo Tortosa
Santander

Las leyes deberían estar hechas para servir a los ciudadanos, no los ciudadanos para servir a las leyes. Si de forma habitual y masiva se infringen determinadas normas de circulación -como los límites de velocidad, especialmente en autovías y autopistas-, ¿no será porque nadie desea hacer lo contrario?; ¿no será porque estas normas resultan obsoletas e inadecuadas?; ¿no será porque se puede -y casi se debe- circular a velocidades superiores, con unos márgenes de seguridad más que razonables?... De nuevo parece que quieren hacernos creer que todos esos conductores -prácticamente todos- son unos irresponsables, unos kamikazes o unos asesinos en potencia. De nuevo más mentiras.

Volver arriba · perfil · mp

b. BUSCA ejemplos de las características siguientes:

- Preguntas retóricas.
- Expresar sospechas.
- Expresar impaciencia.

- Comparación de un problema con otros problemas.
- Opiniones extremas, a favor o en contra.
- Ironía.

4. Intervenir en un foro

ESCRIBE una intervención en el foro. Utiliza el vocabulario o las expresiones de los ejemplos y DESARROLLA una de estas ideas:

- Que otras personas, aparte de los conductores, pierdan su título si actúan mal.
- Se debería hacer más para detener a los que roban coches (75.000 coches al año), en vez de multar a los conductores, que son personas honradas.
- El excesivo temor a las multas y la pérdida de puntos puede poner nerviosos a los conductores, lo que resulta peligroso.
- Examinarse de nuevo cuesta dinero. Esto afectará más a los pobres que a los ricos, lo que es injusto.
- Describe cuál es la situación en tu país. Da ejemplos.

1. Responsabilidad compartida

a. LEE la noticia breve y el titular. CONTESTA a las preguntas:

JUZGAN A UNA PAREJA COMO RESPONSABLE DE UN ACCIDENTE POR NO EVITAR QUE SU AMIGO CONDUJERA EBRIO

El amigo se empeñó en coger el coche a pesar de haber consumido alcohol, y provocó un accidente en el que murieron él y cuatro miembros de una misma familia. La Justicia considera que la pareja podría ser responsable del delito por no haber evitado que su amigo condujera. El matrimonio asegura que intentaron que su amigo no cogiera el coche, e incluso le invitaron a quedarse a dormir en su casa, le escondieron las llaves del coche y le bloquearon la salida, hasta que entró en cólera y le dejaron marchar. ¿Deberían haber telefoneado a la Policía?

Un fiscal pide pena de prisión para el padre de un menor que asesinó a otro niño.

a. ¿Qué tienen en común la pareja y el padre del niño asesino?
b. ¿Qué deberían haber hecho los amigos del conductor borracho para evitar el accidente?
c. ¿Qué debería haber hecho el padre del niño para evitar el asesinato?
d. ¿Qué hubieras hecho tú?

b. En grupos, PIENSA en los argumentos a favor y en contra en cada caso.

	A FAVOR	EN CONTRA
La pareja		
El padre		

2. ¿Conoces algún caso?

Una persona es acusada de no impedir que otra cometiera un delito grave. CUENTA un suceso real o inventado y el resto de la clase OPINA sobre la responsabilidad de cada uno.

Ejemplo:
Un menor roba un coche, provoca con él un accidente y muere una persona. ¿Quién paga los daños materiales? El menor no tiene dinero, evidentemente. ¿Hasta dónde llega la responsabilidad de los padres del muchacho? ¿Deben ser considerados responsables de la muerte de esa persona? ¿Es culpa de ellos si el muchacho comete delitos, por no cuidar su educación o no vigilarlo?

3. ¿Denunciar o no denunciar?

a. ESCUCHA esta llamada de un oyente de un programa radiofónico y CONTESTA a las preguntas.

a. ¿Qué está prohibido hacer en el cine?
b. ¿Qué te puede ocurrir si no denuncias a los que cometan esta falta?
c. ¿En qué consiste la segunda "falta" que comenta el oyente?
d. ¿Qué ocurre en el asiento de atrás del coche?
e. En opinión del oyente, ¿alguno de estos dos casos es justo?
f. Explica el refrán: "Que cada palo aguante su vela".
g. Explica la expresión: "¿Por qué han de pagar justos por pecadores?"

b. ¿Qué opinas tú de estos dos casos? En parejas: COMÉNTALO con tu compañero.

Tertulia

La responsabilidad compartida:

En grupos, prepara una exposición sobre este tema.

> • *Piensa en un caso (real o inventado) de delito o falta en el que se puede identificar a otra persona que no lo evita, aunque no colabore.*

• Analiza el caso, buscando argumentos a favor y en contra de castigar a la persona que no evitó el delito.
• Da una conclusión, en la que te decantas por una posición concreta.
• Se organiza un debate con varios participantes y un moderador sobre la responsabilidad compartida.
• Cada persona que interviene tiene que defender una postura concreta y dar ejemplos.

Te podemos sugerir:

• ¿Qué valen más: los derechos de las personas cercanas al delincuente o los derechos de las víctimas?
• ¿Qué se consigue castigando a las personas cercanas al delincuente?
• ¿Qué pueden hacer estas personas para evitar el castigo?
• ¿Cuál es el límite de la responsabilidad compartida?
• ¿Cuál es la situación en otros países?

INTERVENIR  **EN LA TERTULIA.**

Expresar la opinión y argumentar:

Creo que	Es cierto que,	No pienso que,	No estoy de acuerdo con que,
Pienso que,	Es evidente que	No me parece que	Es bueno que,
En mi opinión	Está claro que	Me parece bien / mal / fatal que,	Es interesante que,
A mí me parece que,	Está demostrado que...	Es mejor que,	Es horrible que...
Por un lado		Estoy en contra de que,	
...por otro,	+ Indicativo	+ Subjuntivo	

Desertización.

Unidad 6
El planeta herido

O b j e t i v o s

■ **Competencias pragmáticas:**

• Hablar del medio ambiente.
• Expresar el desacuerdo.
• Expresar la concesión.
• Expresar la ironía.

■ **Competencias lingüísticas:**

Competencia gramatical
• Construcciones con *Lo*.
• Formación de palabras.
• Oraciones concesivas.

Competencia léxica
• Medio ambiente.
• Desastres naturales.

■ **Conocimiento sociocultural:**

• Vulnerabilidad medioambiental de algunos países.
• La ayuda humanitaria.

Recursos y Tareas

■ **Comprender un texto literario sobre un desastre natural.**
• Expresarse sobre los problemas medioambientales.

■ **Comprender una entrevista.**

■ **Taller de escritura.**
• Redactar una carta de protesta.

■ **Tertulia.**
• Expresar opiniones sobre los desastres naturales y la ayuda humanitaria.

Estoy condenada por las catástrofes de mi tierra.

"Corral. La culpa la tuvieron el muro de Berlín y el maremoto de Corral", -dice Violeta en su diario, que por fin he tenido la valentía de abrir.

Aquel día de mayo de 1960.

Entonces yo era una niña, pero no Eduardo. Él cumplió en esa fecha los veinte años. Y me contó muchas veces el cuento: el mar se retiró para adentro, para adentro, muchos kilómetros. La gente, sorprendida, maravillada, corrió hacia este nuevo suelo de arena húmeda que nunca había visto. Hundían sus tacones y sacaban mariscos, contemplando embelesados esos tesoros secretos al descubierto. De súbito se oyó un estrépito que se acercaba desde el horizonte. Era un rumor gigantesco, como si, furioso, el mar rugiera. Un sonido extraño nunca antes escuchado y que, probablemente, nadie volvería a oír. Eduardo miró hacia arriba y pensó: algo muy malo va a pasar. El cielo cambiaba sus colores, todo se ennegreció. A lo lejos, muy a lo lejos, avanzaba hacia la costa una enorme ola, treinta metros de altura, negra, y el cielo dale con cambiar de color*: con el rugido venía el rojo, luego el azul, incluso verde se puso el cielo. Eduardo echó a correr como un loco cerro arriba. Lo enceguecía la luminosidad del cielo, esos colores que se trucaban. Tomó su bufanda, se la puso sobre los ojos y por una pequeña abertura miraba el cerro por el cual corría y corría, desaforadamente, subiéndolo. Apenas llegó a la cima, habiendo puesto la tierra pedregosa de por medio, volvió la cabeza y tuvo tiempo de ver la ola gigante abatiéndose sobre la costa de Corral. El agua lo cubrió todo. Todo. Se tragó, voraz, absolutamente todo lo que encontró en su camino.
Eduardo miró. Con sus ojos había visto cómo el mar se completaba con lo que él había tenido. Se quedó completamente solo. Su casa y la casa de sus padres habían desaparecido. Su familia, esposa, hija, padre y madre, cada uno de los miembros de su familia enredado entre las aguas, sumergido entre las aguas, muerto entre las aguas.
Eduardo había creído hasta entonces que los huérfanos sólo existían en los cuentos.

Fragmento de *Antigua vida mía*, Marcela Serrano, Alfaguara, 1995.

Dale con cambiar de color*
¡dale! Es una interjección que se emplea de forma familiar para reprobar con enfado la obstinación.
Ejemplo: ¡Dale que dale! = ¡Dale que te pego!= No lnsistas, no te empeñes.

1. El mar se retiró

a. **LEE el texto y fíjate en su estructura.**

a. ¿Qué tipo de texto es?   1. Un texto periodístico. ☐   2. Una carta. ☐   3. Un diario. ☐
b. ¿Qué se escribe normalmente en este tipo de texto? ¿Qué se narra aquí?
c. Subraya en el texto los elementos de la naturaleza afectados en un maremoto.
d. Ordena los acontecimientos cronológicamente:
  1. *Una enorme ola avanzaba hacia la costa.*
  2. *Todo se ennegreció.*
  3. *Su casa y la casa de sus padres habían desaparecido.*
  4. *Se oyó un estrépito que se acercaba desde el horizonte.*
  5. *El agua lo cubrió todo.*
  6. *El mar se retiró para adentro.*

b. **Lee de nuevo el texto y CONTESTA a las preguntas.**

a. ¿Qué edad tenían los protagonistas cuando ocurrió el maremoto?
b. ¿Quién de los dos lo vivió? ¿Qué hizo la gente cuando el mar se
   retiró hacia adentro?
c. ¿A qué tesoros secretos se hace referencia? ¿Qué se oyó de repente?
d. ¿Qué premonición tuvo Eduardo? ¿Qué hizo él cuando vio que la
   ola avanzaba hacia la costa?
e. ¿Cómo estaba el cielo en ese momento?¿Qué hizo Eduardo para aislarse
   del miedo?
f. ¿Qué consecuencias tuvo para Eduardo el maremoto de Corral?

2. Voraz

a. **ESCRIBE las diez siguientes palabras en dos columnas: adjetivos y nombres.**

> a. embelesados, b. enredado, c. cerro, d. pedregosa, e. voraz,
> f. huérfano, g. sumergido, h. valentía, i. maravillada, j. estrépito

b. **Ahora, RELACIONA ocho de estas diez palabras con su definición.**

1. Monte bajo.
2. Hecho heroico.
3. Terreno cubierto de piedras.
4. Enmarañado, enlazado.
5. Hundido debajo del agua.
6. Que destruye o consume rápidamente.
7. Ruido fuerte, estruendo.
8. Persona menor de edad que no tiene padres.

c. **Dos de los adjetivos significan "que siente admiración". ¿CUÁLES SON?**

d. **¿Qué SIGNIFICAN los siguientes adverbios?**

a. De súbito...
  1. De nuevo
  2. De repente

b. Desaforadamente...
  1. Desordenadamente
  2. Desaprovechadamente

Punto de vista

¿Qué catástrofe natural te asusta más? Explícalo.

Comprensión auditiva

1. El precio de la vulnerabilidad

a. Antes de escuchar. ¿qué SIGNIFICAN estas palabras que aparecen en la audición?

a. Irrumpir:
1. Cortar la comunicación de una cosa ☐
2. Entrar violentamente en un lugar ☐

b. Vulnerabilidad:
1. Capacidad de ser dañado física o moralmente ☐
2. Capacidad de adaptación de los seres vivos ☐

c. Ética:
1. Parte de la filosofía que trata de la moral y de las obligaciones del hombre ☐
2. Género literario donde se relatan acontecimientos vividos por sus personajes ☐

d. Contraer
1. Pasar a tener ☐
2. Contaminar ☐

e. Damnificados
1. Personas que causan daño ☐
2. Personas que sufren daños ☐

f. Empeñarse:
1. Insistir mucho en una cosa ☐
2. Aficionarse a alguna cosa ☐

g. Certeza:
1. Conocimiento impreciso de algo ☐
2. Conocimiento seguro y claro de algo ☐

b. RELACIONA el principio de la frase con el final.

a. Se espera que el próximo año irrumpa

b. La idea de vulnerabilidad permite asociar

c. A la catástrofe natural hay que sumarle

d. Ha aumentado enormemente

1. el número de damnificados por la vulnerabilidad de determinadas regiones.
2. la vulnerabilidad de estas zonas, por lo que el problema se agrava todavía más.
3. aspectos sociales con aspectos naturales.
4. otra vez el fenómeno de "El Niño".

c. El título de la audición es "El precio de la vulnerabilidad". Después de hacer el ejercicio b, ¿puedes aventurar de qué va a tratar?

2. Infórmate

a. ESCUCHA y CONTESTA. Corrige las frases que no sean verdaderas.

	V	F
a. Los desastres naturales sólo aumentarán en su gravedad, pero no en su frecuencia.	☐	☐
b. Los principales afectados por el fenómeno de "El Niño" serán La Polinesia y Perú.	☐	☐
c. El principal problema sigue siendo la vulnerabilidad.	☐	☐
d. Hay comunidades que viven en cimas de montañas porque el terreno es más barato.	☐	☐
e. Hay cultivos que provocan desertización y no sirven a la alimentación del país.	☐	☐
f. Han aumentado muchísimo las muertes por catástrofes naturales.	☐	☐

 b. Escucha otra vez y CONTESTA a las preguntas.

a. ¿Quién es Omar Darío Cardona? ¿Dónde trabaja?
b. ¿Se espera que haya catástrofes naturales próximamente?
c. ¿Qué países han tomado ya medidas preventivas?
d. ¿Qué papel tienen los países desarrollados en este problema?
e. ¿Qué consecuencias tienen estas catástrofes?
f. ¿Qué pueden hacer los científicos y los políticos para solucionar el problema?

3. Desastres ecológicos y catástrofes naturales

a. En parejas. LEE las expresiones del recuadro y COLÓCALAS en tres columnas:

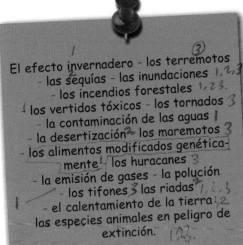

El efecto invernadero - los terremotos ③
- las sequías - las inundaciones 1,2,3.
- los incendios forestales 1,2,3.
- los vertidos tóxicos - los tornados 3
- la contaminación de las aguas 1
- la desertización 2 - los maremotos 3
- los alimentos modificados genética-
mente 1 - los huracanes 3
- la emisión de gases - la polución
- los tifones 3 - las riadas 1,2,3
- el calentamiento de la tierra 1,2
las especies animales en peligro de
extinción. 1,2,3.

② **Catástrofes naturales causadas indirectamente por el hombre:**

....

① **Desastres ecológicos causados directamente por la mano del hombre:**

....

③ **Catástrofes naturales no causadas por el hombre:**

....

b. Define alguna de las catástrofes ecológicas mencionadas.

 **Punto de vista**

Elige un problema medioambiental que afecte o haya afectado a tu país en algún momento. CONTESTA a las siguientes preguntas usando las expresiones del cuadro.

a. ¿Qué efectos ha tenido en tu país? Da ejemplos.
b. ¿Qué se está haciendo / ha hecho para mejorar la situación / paliar el problema? ¿Crees que se ha hecho lo suficiente o que se debería hacer algo más? ¿Qué?
c. Si no se hace nada al respecto, ¿qué piensas que podría pasar en un futuro?

Para ayudarte

- *Un problema medioambiental / desastre ecológico muy grave / que ha causado daños irreparables al ecosistema es / ha sido...*
- *Una de las principales causas de... / El mayor responsable de...*
- *Otras consecuencias muy preocupantes...*
- *Aunque se hayan puesto en marcha ciertas medidas tales como...*
- *A pesar de que todavía queda mucho por hacer... ya se han...*
- *Para solucionar el problema habría que...*

Lengua

que— no need for non antecedentes (handwritten)

 CONSTRUCCIONES CON *LO*

> Los pronombres relativos **compuestos** lo que y lo cual se emplean para referirse a algo que se acaba de decir. Ambos admiten preposición.
> • Lo que puede emplearse sin antecedente expreso. Se utiliza con Indicativo o con Subjuntivo.
> *Se tragó, voraz, absolutamente todo lo que encontró en su camino.*
> • Lo cual necesita antecedente. Introduce una información adicional. Se utiliza con Indicativo.
> *Ha aumentado el número de damnificados, lo cual se debe a la vulnerabilidad de ciertas regiones.*

> El artículo neutro *Lo*.
> • Lo + adjetivo: nominaliza el adjetivo, presenta una característica abstracta.
> *Lo peor de las catástrofes naturales es la cantidad de gente que pierde su hogar.*
> • Lo + adjetivo / adverbio + que: da mayor intensidad al adjetivo / adverbio.
> *Ya hemos mencionado lo peligroso que es construir casas en los lechos de los ríos.*
> • Lo de + artículo / posesivo + nombre: se usa para referirse a algo sin mencionarlo, porque el hablante no quiere o no lo puede nombrar. *Quería hablar contigo de lo de los damnificados.*

> • De lo más + adjetivo / adverbio: se usa para expresar valoraciones; su sentido es parecido al del superlativo. *Ese río es de lo más peligroso.*

1 **COMPLETA las frases con las expresiones siguientes:** *lo que, lo cual, lo mejor, lo malo, lo agradable que, lo de, de lo más.*

a. ¿Te has enterado de *lo de* ... Marta?
b. No te quejes, dentro de *lo malo* has tenido suerte.
c. Este restaurante es *de lo más* elegante.
d. No podemos ir, *lo que* me entristece. *lo cual* (handwritten)
e. Este disco reúne .... de Alejandro Sanz.
f. No tiene nada que ver con *lo que* habíamos hablado.
g. No recordaba .... es pasear a la orilla del mar.
   lo agradable que (handwritten)

 FORMACIÓN DE PALABRAS

> • Sufijos de formación de sustantivos: a partir de adjetivos y verbos se añaden las siguientes terminaciones: -cia: *frecuencia*, -ción: *prevención*, -dad: *gravedad*, -bilidad: *probabilidad*, -eza: *certeza*, -ismo: *consumismo*. Estos sufijos son muy usados especialmente en la formación de nombres abstractos.
> • Sufijos de formación de adjetivos: -al / -les: natural, -ble / -es: responsable, -ico / -a / -os / -as: político, -ivo / -a / -os / -as: negativo, -nte /-es: gigante, -oso / -a / -os / -as: furioso.
> • Antónimos: los prefijos más comunes para formar contrarios son: i-, im-, in-, ir-: *ilegal, impaciente, innecesario, irrespetuoso.*
> Para formar contrarios de muchos adjetivos y verbos se usa el prefijo des-: *destapar, desorganizar.*

2 FORMA los sustantivos correspondientes a cada adjetivo.

adjetivos	responsable, furioso, vulnerable, destructivo, grave, frecuente, preventivo, probable.
sustantivos	*la responsabilidad, la furia, vulner*

3 COMPLETA las frases con alguna de las palabras del ejercicio anterior.

a. El incremento en .... de los desastres naturales plantea la necesidad de que todos los países se beneficien de los avances hidrológicos.

b. Si se logran aplicar los métodos .... *de prevención*, se reduciría a la mitad el número de víctimas mortales de los desastres en los siguientes quince años.

c. Desde que comenzó el nuevo milenio, se han producido varios terremotos de .... *graves* consecuencias en El Salvador, en México y en Guatemala.

d. Según indicó el director de la Oficina de Atención y Prevención de Desastres, "este terremoto ha sido el más .... de todos los que se recuerdan en nuestro país".

e. El principal objetivo de los gobiernos es intentar bajar la .... de determinadas zonas para que en momentos de emergencia el impacto sea menor. *vulnerabilidad.*

 LAS ORACIONES CONCESIVAS

Aunque Por más / muy...que Por mucho / poco que Aun cuando Si bien A pesar de que	• + Indicativo. Se utiliza cuando se presenta un obstáculo real. El hablante constata un hecho. *A pesar de que los países están un poco mejor preparados para afrontar una situación de desastre, el problema sigue siendo la vulnerabilidad.* • + Presente de Subjuntivo. Se utiliza cuando se presenta un obstáculo posible o probable. El hablante expresa una acción todavía no realizada. *Se espera que el próximo año irrumpa otra vez el fenómeno de "El Niño", aunque sea de manera moderada.* • + Imperfecto de Subjuntivo. Tiene un valor de improbabilidad e irrealidad. *Aunque fueras el presidente, tendrías que pagar.*

4 COMPLETA las frases con el verbo en su forma correcta (modo y tiempo). Ten cuidado con la concordancia.

a. Aunque ..*es*... (ser) el mayor de los hermanos, es el único que todavía no se ha casado.

b. Iré a la playa aunque *llueva* (llover) a cántaros.

c. Por mucho que .... (esforzarte), no lo conseguirás. *esfuerces*

d. A pesar de que *estoy*.. (estar) enfadada con mi amiga, voy a ir a su fiesta de cumpleaños.

e. Aunque .... (escribir) varios correos electrónicos esta semana a mi antigua empresa, aún no me han contestado. *he escrito* *preguntaron*

f. Por más que .... (preguntarle) dónde había pasado la Nochevieja, no consiguieron saberlo.

g. No lo compraría aunque .... (tener) mucho dinero. *tuviera*

h. Aun cuando .... (ser) amable, me pone nerviosa.

es / sea

indicative: new info.

Taller *de escritura*
Redactar cartas de protesta

1. Indignación y rechazo

a. Lee esta carta de queja e identifica cuál es el contenido de cada párrafo.

island government

Lanzarote, 2 de marzo de 2005

Sr. presidente del Cabildo:

(a) Como directora de la Fundación César Manrique de Lanzarote me dirijo a usted con el fin de mostrar nuestra indignación y rechazo al proyecto de ensanchamiento de la carretera que atraviesa la Geria.

(b) Nuestra isla ha resistido volcanes y riadas de lava, pero está a punto de sucumbir ante la riada de turistas. Hasta ahora la Geria ha logrado sobrevivir como un paraje agrícola volcánico, único en Europa y protegido por la Ley de Espacios Naturales de Canarias. Este territorio se ha convertido en una de las imágenes más emblemáticas de la isla, con sus viñedos sobre tierra negra rodeados de piedra.

(c) Sin embargo, el Cabildo Insular, dado que, al parecer, no existen problemas de otro tipo en la isla, ha decidido lanzarse a gastar millones en un proyecto de ensanchamiento de siete kilómetros de la carretera que atraviesa esta región. Pretende hacer por aquí una especie de parque temático del vino dedicado al turismo, y eso aumentará la presión de coches en esta zona tan sensible.

(d) Debo añadir que esta fundación ha mantenido contactos con bodegueros y habitantes en general de la comarca. Todos coinciden en señalar que no se les ha consultado sobre la necesidad de ensanchar la carretera. ¿A quién han consultado entonces? Me sorprende que el cabildo tenga dotes de adivinación para saber lo que piensan los ciudadanos.

(e) Comprendemos que la carretera actual no puede soportar el volumen de circulación que tiene y que esto puede constituir un peligro para los automovilistas, pero creemos que la solución está en la limitación del tráfico en la Geria, no en la construcción de grandes infraestructuras y el turismo masivo, que destruirían el encanto de la comarca para siempre.

(f) Por lo tanto, pedimos que se paralice el proyecto y se inicie un debate público sobre el futuro de la Geria con el fin de decidir qué es lo mejor para todos sus habitantes y para Lanzarote en su conjunto.

Le saluda atentamente,

María Gutiérrez Crespo

(a) ....

(b) ....

(c) ....

(d) ....

(e) ....

(f) ....

b. Busca en el texto las palabras o expresiones que responden a estas definiciones:

a. Oposición, actitud contraria.
b. Desbordamiento o crecida de un río.
c. Representativo o simbólico de algo.
d. Gobierno de la isla (en Canarias).

e. Tener la misma opinión o hacer lo mismo.
f. Enorme, de tamaño o cantidad.
g. Gracia, atractivo, belleza.

2. ¿A quién han consultado entonces?

a. En parejas, reflexiona y responde a estas preguntas.

a. ¿Crees de verdad que no existen otros problemas en la isla?
b. ¿Te parece que el Cabildo tiene dotes de adivinación?
c. ¿Por qué dice estas cosas la autora de la carta?
d. ¿Realmente se espera una contestación a la pregunta?:
"¿A quién han consultado entonces?" ¿Por qué?

b. Para cada una de las situaciones siguientes, ESCRIBE un comentario irónico y una pregunta retórica.

a. El diario "La Nación" ha mantenido una campaña a favor de la construcción de una autopista, pero desde que se ha conocido la ruta de la futura carretera, se muestra en contra. Casualmente, el director de este diario es propietario de una finca que quedaría cortada por ella.

b. El gobierno regional ha decidido prohibir la caza de pajaritos para proteger algunas especies amenazadas. Sin embargo, el mismo gobierno ha comenzado una campaña de exterminio de palomas en la ciudad para evitar que ensucien los edificios públicos.

c. Un portavoz de la empresa petroquímica Petrolux ha declarado que no hay motivo para preocuparse por los vertidos de productos químicos al río Guaraná de la semana pasada. Sin embargo, se han recogido millares de peces y aves muertos desde entonces.

P ara ayudarte

Expresar la ironía
Me sorprendió que el señor consejero...
No me esperaba que el señor alcalde...
Resulta curioso que...
No me había dado cuenta de que...
¡Claro!, como no existen otros problemas...

Preguntas retóricas
¿Acaso construir...?
¿Reclamar? ¿Cómo? ¿A quién...?
¿Quieren decir que los que protestamos somos...?

Anticiparse a una objeción para rebatirla
Comprendo que..., pero...
Es cierto que..., sin embargo...

3. Redacta una carta de protesta

ESCOGE una de estas dos situaciones y **ESCRIBE** una carta de protesta sobre el suceso. Fíjate en el modelo de María Gutiérrez.

a. Habrá que viajar en autobús o en tren y vivir más cerca del lugar de trabajo para reducir las emisiones de CO_2 y cumplir el Protocolo de Kioto.

b. Están en peligro los osos pardos de los Picos de Europa: demasiado turismo, demasiadas vallas y cercados para agricultura y ganadería.

- Inventa declaraciones, cifras y acontecimientos si es preciso.
- Anticipa alguna posible objeción a tus ideas, para rebatirla a continuación.
- Utiliza la ironía y las preguntas retóricas.

1. El planeta herido

Estos artículos y titulares presentan problemas medioambientales o desastres naturales.
En parejas: ¿Cuál os parece más grave? ¿Por qué? ¿Cómo creéis que se ha llegado a esta situación? ¿Qué se puede hacer para solucionar o mejorar la situación?

Peligra el hielo del Ártico
por la emisión de CO_2

Si no se frena el cambio climático, las altas temperaturas llevarán la
escasez de agua a cerca de 3.000 millones de personas en India, África
del Sur, Sudamérica, Europa, Oriente Medio y Australia. Crecerán las
plantaciones de cereales -a las que favorece el clima seco- en detri-
mento de otros cultivos. Desaparecerán la fauna y flora de muchos
ecosistemas. África sufrirá más, si cabe, la hambruna, pero también la
propagación de la malaria y otras enfermedades tropicales.

Las últimas estadísticas demuestran que en la década pasada, alrededor de
210 millones de personas —entre muertos, heridos y damnificados— se vieron
afectadas por fenómenos meteorológicos que se convirtieron en catástrofes
naturales. Para los especialistas, el incremento en la frecuencia de este tipo
de desastres plantea la necesidad de que todos los países —pobres y ricos—
tengan posibilidades similares de beneficiarse de los avances que se han
logrado en materia de información climática e hidrológica. Si se logran aplicar
los métodos preventivos que, por ejemplo, se ponen en marcha en los
Estados Unidos cuando aparecen los huracanes, se reduciría a la mitad el
número de víctimas mortales de los desastres en los siguientes quince años.

Hemos perdido el sentido de la geografía sagrada. Hoy se vive y se construye en cualquier lugar y de cualquier manera. Desconocemos aquellos
sitios donde las posibilidades de asentarse son más positivas porque allí
confluyen energías benéficas de distinto tipo. Se construye según la moda,
con unos estilos arquitectónicos que, a pesar de sus sistemas de seguridad,
desafían la estabilidad y la estética. O se construyen tristes chabolas que
no resisten ni el viento ni la lluvia, porque no hay otra forma de encontrar
un techo, si se le puede llamar techo a esas planchas destartaladas.

Unidad 7
Pensando en ti

o b j e t i v o s

■ **Competencias pragmáticas:**

- Expresar sentimientos.
- Describir estados de ánimo.
- Describir el carácter de alguien II.
- Expresar cortesía.

■ **Competencias lingüísticas:**

Competencia gramatical
- Oraciones exclamativas.
- Comparativas condicionales.
- Orden de los pronombres.
- Funciones y usos de *Se*.

Competencia léxica
- Sentimientos.
- Personalidad.

■ **Conocimiento sociocultural:**

- Acercamiento a la poesía de Pablo Neruda.

Recursos y Tareas

■ Comprender un poema.

■ Comprender un texto literario.
- Opinar sobre las relaciones entre los protagonistas.

■ Taller de escritura.
- Redactar una carta personal y un poema.

■ Tertulia.
- Expresar la opinión sobre la vida en pareja con o sin hijos.

1. "Puedo escribir los versos más tristes esta noche..."

 ESCUCHA Y COMPLETA el poema de Pablo Neruda, que forma parte del libro *Veinte poemas de amor y una canción desesperada*.

Puedo escribir los versos más ...*tristes*... esta noche.

Escribir, por ejemplo: "La ...*noche*... está estrellada,
y tiritan, azules, los astros, a lo ...*lejos*...".

El viento de la noche gira en el ...*cielo*... y canta.

Puedo escribir los ...*versos*... más tristes esta noche.
Yo la quise, y a veces ella también me ...*quiso*... .

En las noches como ésta la tuve entre mis ...*brazos*...
La besé tantas veces bajo el ...*cielo*... infinito.

Ella me quiso, a veces yo también la ...*quería*...
Cómo no haber ...*amado*... sus grandes ojos fijos.

Puedo escribir los versos más tristes esta noche.
Pensar que no la ...*tengo*... Sentir que la he perdido.

Oír la noche inmensa, más ...*inmensa*... sin ella.
Y el ...*verso*... cae al alma como al pasto el rocío.

Qué importa que mi amor no pudiera ...*guardarla*...
La noche está estrellada y ella no está ...*conmigo*... .

Eso es todo. A lo lejos alguien ...*canta*... . A lo lejos.
Mi alma no se contenta con haberla ...*perdido*... .

Como para acercarla mi mirada la ...*busca*... .
Mi corazón la busca, y ella no está ...*conmigo*...

La misma noche que hace blanquear los ...*mismos*... árboles.
Nosotros, los de entonces, ya no somos los ...*mismos*... .

Ya no la quiero, es cierto, pero cuánto la quise.
Mi voz buscaba el ...*viento*... para tocar su oído.

De otro. Será de otro. Como antes de mis ...*versos*... .
Su voz, su cuerpo claro. Sus ...*ojos*... infinitos.

Ya no la quiero, es ...*cierto*..., pero tal vez la quiero.
Es tan corto el amor, y es tan ...*largo*... el olvido.

Porque en noches como ésta la tuve entre mis ...*brazos*...
mi alma no se contenta con haberla ...*perdido*...

Aunque éste sea el último ...*dolor*... que ella me causa,
y éstos sean los últimos versos que yo le ...*escribo*... .

"Puedo escribir los versos más tristes esta noche",
Veinte poemas de amor y una canción desesperada.

Pablo Neruda

Neftalí Ricardo Reyes Basoalto nace el 12 de julio de 1904 en Parral, Chile, hijo de doña Rosa Basoalto Opazo y de don José del Carmen Reyes Morales.

Su padre se negaba a que su hijo se convirtiera en poeta, de modo que Neftalí se buscó un seudónimo. Encontró en una revista ese nombre checo, Neruda, sin saber que se trataba de un gran escritor.

Poeta, diplomático e intelectual comprometido, tomó parte activa en la vida política de Chile.

Su obra evolucionó desde el neorromanticismo al vanguardismo.

En 1971 recibió el Premio Nobel de Literatura. Murió en Santiago de Chile en 1973.

2. "Es tan corto el amor, y es tan largo el olvido"

a. ESCUCHA y lee otra vez el poema, y CONTESTA a las preguntas:

a. Busca en el poema 5 palabras diferentes relacionadas con el amor.

b. Subraya en el poema referencias al desamor, a la pérdida del ser amado.

c. ¿Qué significa "tiritar"?

1. temblar por el frío ☐   2. brillar ☐   3. llorar ☐

d. ¿Qué son los astros?

1. personas importantes ☐   2. cuerpos celestes ☒   3. signos del zodíaco ☐

e. Si los ojos están "fijos" es que...

1. son grandes ☐   2. están cerrados ☒   3. no se mueven ☐

f. "el viento de la noche gira en el cielo ". ¿Qué hace el viento?

1. soplar ☐   2. rugir, aullar ☒   3. dar vueltas ☐

b. En el poema se dice que los árboles se "blanquean". Otros verbos expresan el cambio hacia un color determinado. COMPLETA las frases con los verbos del cuadro en su forma correcta.

a. Los mineros llegaron con las caras ...... por el carbón.

b. Todos lo miraron y ...... de vergüenza. *enrojeció*

c. Era otoño y las hojas de los árboles . *amarilleaban*

d. Ya era tarde y empezaba a . *oscurecer*

e. La primavera llegó y ...... las plantas. *reverdecieron*

f. En Andalucía es costumbre ...... las paredes con cal.

> amarillo: amarillear
> verde: reverdecer
> blanco: blanquear
> rojo: enrojecer
> oscuro: oscurecer
> negro: ennegrecer

c. En parejas, ELIGE la contestación a estas preguntas.

a. ¿Cuál es el sentimiento predominante del poeta?

1. Echa de menos a su amada y quisiera volver con ella. ☐

2. Sufre por la pérdida irreparable de su amada y su recuerdo, pero no está seguro de quererla. ☐

3. Sufre porque su amada no le quiere y él sí la quiere. ☐

b. ¿Qué va a hacer el poeta?

1. Seguir amándola. ☐   2. Intentar olvidarla. ☐   3. Escribirle poemas para recuperarla. ☐

c. En el verso " Oír la noche inmensa, más inmensa sin ella", el sentimiento es:

1. soledad ☐   2. miedo ☐   3. pasión amorosa ☐

d. ¿Qué sensación te provoca el verso "Y el verso cae al alma como al pasto el rocío"?

1. El poema reconforta al amante. ☐

2. El poema son las lágrimas del amante. ☐

3. Otra sensación: explícala con tus palabras. ☐

3. "Oír la noche inmensa, más inmensa sin ella"

BUSCA en el poema palabras relacionadas con la naturaleza. ¿Crees que evocan sentimientos determinados? ¿Cuáles? ¿Ves algún simbolismo?

Ejemplo: *Noche: es cuando nos sentimos más solos, también es el momento más propicio para recordar cosas. Todo lo oscuro evoca soledad y tristeza.*

El cartero de Neruda

El cartero de Neruda, de Antonio Skármeta, es una historia sobre Pablo Neruda y Mario, un joven cartero que tiene como única misión entregar el voluminoso correo del poeta cada día en Isla Negra, pero que poco a poco se interesa por la poesía. En esta escena el cartero le entrega un telegrama urgente, pero no le deja leerlo tranquilamente, porque tiene algo que pedirle al poeta.

- Don Pablo, estoy enamorado.
- Eso ya me lo dijiste. ¿Y yo en qué puedo servirte?
- Tiene que ayudarme.
- ¡A mis años!
- Tiene que ayudarme, porque no sé qué decirle. La veo delante de mí y es como si estuviera mudo. No me sale ni una sola palabra.
- ¡Cómo! ¿No has hablado con ella?
- Casi nada. Ayer me fui paseando por la playa como usted me dijo. Miré el mar mucho rato, y no se me ocurrió ninguna metáfora. Entonces entré en la hostería y me compré una botella de vino. Bueno, fue ella la que me vendió la botella.
- Beatriz.
- Beatriz. Me la quedé mirando y me enamoré de ella.
...Si no fuera mucha la molestia, me gustaría que en vez de darme dinero me escribiera un poema para ella...
- Pero ni siquiera la conozco. Un poeta necesita conocer a una persona para inspirarse. No puede llegar e inventar algo de la nada.
- Mire, poeta -lo persiguió el cartero- Si se hace tantos problemas para un simple poema, jamás le darán el Premio Nobel.

...

- Querido Mario, no resisto la curiosidad de leer el telegrama. ¿Me permites?
- Con mucho gusto.
- Gracias.
... Muchacho, ¿no será hoy por casualidad martes y trece?
- ¿Malas noticias?
- ¡Pésimas! ¡Me ofrecen ser candidato a la Presidencia de la República!
- ¡Don Pablo, pero eso es formidable!
- Formidable que te nombren. Pero, ¿y si llego a ser elegido?
- Claro que va a ser elegido. A usted lo conoce todo el mundo. En la casa de mi padre hay un solo libro y es suyo.

...

Neruda dobló los restos mortales del telegrama y los sepultó en el bolsillo trasero de su pantalón. El cartero lo estaba mirando con una expresión húmeda en los ojos que al vate le recordó un cachorro bajo la llovizna de Parral.
Sin una mueca dijo:
- Ahora vamos a la hostería a conocer a esa famosa Beatriz González.
- Don Pablo, está bromeando.
- Hablo en serio. Nos vamos hasta el bar, probamos un vinito, y le echamos una mirada a la novia.

...

- Después que nos tomemos el vino en la hostería, vamos a decidir sobre las dos cuestiones.
- ¿Cuáles dos?
- La Presidencia de la República y Beatriz González.

Fragmento de *El cartero de Neruda*, de Antonio Skármeta.

1. Pablo y Mario

a. LOCALIZA y SUBRAYA en el texto las palabras o expresiones equivalentes a:

a. Soy demasiado viejo para eso.
b. Un recurso poético que consiste en una similitud.
c. Un cadáver.
d. Enterrar.
e. Un poeta.
f. Una cría de perro.
g. Mirar brevemente.

b. Después de leer el texto, DEFINE a cada protagonista. Justifica tus respuestas.

	Profesión	Características
Pablo		
Mario		

c. La cortesía está muy presente en este fragmento. ¿Cómo se expresa? BUSCA en el texto todas las expresiones de carácter cortés utilizadas para:

a. Dirigirse a alguien
b. Ofrecer ayuda
c. Pedir a alguien que haga algo
d. Pedir permiso para hacer algo
e. Dar permiso

2. "Don Pablo, estoy enamorado"

LEE el texto y CONTESTA a las preguntas.

a. ¿Por qué está preocupado Mario? ¿Qué es lo que le sale mal?
b. ¿Qué pretende que haga por él don Pablo?
c. ¿Don Pablo acepta inmediatamente? ¿Por qué?
d. ¿Cuál es el día de mala suerte, según la superstición?
e. ¿Son realmente malas las noticias? ¿Qué opina Mario?
f. ¿Qué crees que sintió don Pablo cuando se quedó mirando a Mario, que parecía "un cachorro bajo la llovizna de Parral"?
g. ¿Se alegró Mario de que don Pablo le acompañara a ver a Beatriz? ¿Por qué?
h. El final de este pasaje es entrañable y humorístico a la vez. ¿Por qué?

3. Mario y Beatriz

IMAGINA:
¿Cuál crees que será el final del romance entre Mario y Beatriz?
Imagínalo y cuéntalo oralmente o por escrito.

Punto de vista

a. ¿Qué opinas de la relación entre Mario y don Pablo?
b. ¿Qué les hace distintos y qué les acerca? ¿Cómo podría ayudar don Pablo a Mario?

Lengua

 ORACIONES EXCLAMATIVAS

Expresan un sentimiento del hablante: *¡A mis años! ¡Don Pablo, pero eso es formidable!*
El carácter exclamativo de las oraciones depende sobre todo de la entonación.

Se introducen muchas veces con pronombres exclamativos:
• Qué + adjetivo / sustantivo / adverbio + verbo. Expresa un matiz cualitativo.
  ¡Qué bella es la vida!
  También puede expresar un matiz cuantificador o peyorativo. *¡Qué desastre!*
  Qué + sustantivo + tan / más + adjetivo. Pone de relieve el adjetivo.
  ¡Qué noche tan estrellada! ¡Qué bebé más guapo!
• Cuánto + verbo. Expresa cantidad o intensidad. *¡Cuánto he sufrido por ti!*
  Cuánto / -a / -os / -as + sustantivo. Expresa cantidad. *¡Cuánta gente hay aquí!*
• Cómo + verbo. Expresa intensidad. *¡Cómo se quieren!*
• Quién + verbo en Imperfecto de Subjuntivo. Expresa un deseo improbable o irreal.
  ¡Quién pudiera irse a las Bahamas!
  Quién + verbo en Pluscuamperfecto de Subjuntivo o Condicional Compuesto. Expresa un
  deseo o una acción no previsible. *¡Quién lo hubiera pensado!*

También se emplean adverbios:
• Tan + adjetivo / participios / adverbios: *¡Es tan pequeño!*
Verbo + tanto: *¡Te quiero tanto!*

1 **TRANSFORMA en exclamativas estas frases con pronombres exclamativos o con *tan / tanto*:**

Ejemplo: Me gusta mucho este libro. *¡Cómo me gusta este libro!* o *¡Me gusta tanto este libro!*

a. Te he echado mucho de menos.
b. Sus ojos son muy grandes.
c. Le he enviado muchas cartas.
d. Tu prima es monísima.

e. Tengo muchas ganas de verte.
f. Deseo mucho estar junto a ti.
g. Me llevé una sorpresa muy grande.
h. Es una pena que no tenga ya veinte años.

Qué pena que no tenga veinte años.

 COMPARATIVAS CONDICIONALES

• Como si + Imperfecto de Subjuntivo.
Esta estructura permite evocar una semejanza, aun a sabiendas de que no es real:
La veo delante de mí y es como si estuviera mudo. (El hablante sabe que no está realmente mudo, sólo
es una forma de explicar su sensación).
• Como si + Pluscuamperfecto de Subjuntivo.
Cuando la acción evocada es pasada y acabada. *Estás blanco como si hubieras visto un fantasma.*
(La acción -hipotética- de ver un fantasma es anterior a la de estar blanco).

2 TRANSFORMA estas frases utilizando *como si* + Imperfecto o Pluscuamperfecto de Subjuntivo.

Ejemplo: *Cuando habla parece que sabe mucho de psicología. Habla como si supiera mucho de psicología.*

a. Gasta tanto dinero que parece rico. *Gasta dinero como si fuera rico.*

b. Habla tanto de Nueva York que parece que ha estado ahí.

c. Quiere mucho a su perro, parece que es su hijo.

d. Se quedó tan tranquilo; parecía que no había pasado nada.

 ORDEN DE LOS PRONOMBRES

Sujeto	Complemento Directo (CD)	Complemento Indirecto (CI)
yo	me	me
tú	te	te
él/ella/usted	lo-la-(le)	le (se)
nosotros/as	nos	nos
vosotros/as	os	os
ellos/ellas/ustedes	los-las-(les)	les (se)

• Los pronombres personales se colocan generalmente delante del verbo, primero el C.I y luego el C.D, excepto cuando el verbo está en Imperativo, Infinitivo o Gerundio.
Me compré <u>una botella de vino</u>...   me la compré   Tiene que ayudarme
• Cuando el C.I le o les va seguido de un C.D lo/la/los/las se transforma en se. El orden de los pronombres es siempre: se lo, se la, se los, se las. He dado <u>las llaves</u> a <u>mi</u> <u>hermano</u> = *Se las he dado.*
• Ocurre lo mismo en oraciones con verbos en construcción reflexiva. El orden de los pronombres es: se + Pronombre C.I + verbo: *¿Se te ha escapado el perro? No se me ocurrió ninguna metáfora.*

3 ORDENA las palabras de cada frase.

a. Se ha la camisa tu hijo caído un botón le de a.

b. ¿Quiere guarde el abrigo le <u>que</u>?

c. Pedí la mejor nos del restaurante reservaran mesa que.

d. Se llamar olvidó para nos la reserva confirmar.

e. Espero una ocurra a ustedes que se idea mejor les.

f. No ver la porque pudimos nos película se el estropeó DVD.

Se olvidó para llamar para confirmarnos la reserva

no pudimos ver la película porque se nos estropeó el DVD.

Espero que a ustedes se les ocurra una mejor idea.

 FUNCIONES Y USOS DE *SE*

Se es un pronombre:
• Complemento indirecto que sustituye a *le* y *les*: *Se las he dado.* (Ver cuadro anterior).
• Reflexivo: la acción del sujeto recae sobre sí mismo. *Se ducha todas las mañanas.*
• Recíproco: sólo se da en plural. *Se dan la mano para saludarse.*
• Impersonal: el agente es general o no se quiere nombrar. *Aquí no se fuma.*
• Pasiva refleja: se usa para expresar involuntariedad. *La tortilla se ha quemado.*
• También puede cambiar el significado o el matiz del verbo al que acompaña.
   No se <u>me ocurrió</u> ninguna metáfora = No <u>me vino a la mente</u> ninguna metáfora.
   Imagínate lo que me <u>ha ocurrido</u> hoy = Imagínate lo que <u>me ha sucedido</u> hoy.

4 INCLUYE *se* en las frases siguientes sólo si hace falta.

a. En Puerto Rico habla español.

b. Los estudiantes acercaron al tablón de anuncios para ver sus notas.

c. Los puertorriqueños hablan español.

d. Necesita personal cualificado.

Taller *de escritura*
Redactar una carta y un poema

1. Albertina Rosa

a. LEE estos fragmentos de cartas de amor de Pablo Neruda dirigidas a Albertina Azócar.

1

Mi mocosa. Perdóname todas estas cartas tan nerviosas, que escribo sólo para que tú me contestes. Mi vida ha cambiado mucho, y no podría hacértelo comprender con cartas, por eso me viene la ansiedad de volver a tenerte, que estuvieras aquí a mi lado, cuidándome un poco la vida...

Te beso con todo mi corazón.

Pablo

2

Cotorra querida, en el calendario que me mandas cuento los días. No faltan muchos. No faltan muchos días para que tenga en mis brazos a esa pequeña cocinera...

Qué harás a esta hora, mi dolorosa querida: te veo la cabecita mía alegre o enfurruñada, te recuerdo desde la frente así hasta las uñitas del pie, todo, todo me hace falta hasta la angustia, como tú nunca, nunca podrás comprenderlo, vida mía.

3

Con esta luz tan blanca del día no se me ocurre nada digno de Arabella. Por lo demás quisiera hablarte en besos. Así lograría decirte mi necesidad de ti, mi sed de ti. Este deseo de tenerte a mi lado, ahora mismo, o cuando ando -en las tardes- por el pueblo tan definitivamente triste. ¿Estudias? Yo nada. Estoy arreglando los originales de mi libro Veinte Poemas de Amor y una Canción Desesperada. Hay allí muchas cosas para mi pequeña lejana.

4

No sé qué cosas te habrán contado: ¡de mí cuentan tantas cosas! Es preciso que me las digas. A ver si son ciertas. Si te digo: es verdad, créeme. Si no, déjalo, y no lo pienses. Tengo hecha el alma de una manera tan difícil. No sé si amo o no amo, si olvido o si adoro. A ti, y haga lo que haga, y digan de mí lo que deseen, te quiero inalterablemente, y tú lo sabes. Y tú me querrás lo bastante, para perdonarme, cuando lo necesite. ¿Cierto?

5

Albertina Rosa. De vuelta del pequeño viaje en que te escribí, he encontrado tus dos últimas cartas, y la última, que te devuelvo para que la leas, me parece extraña a ti y me entristece que la hayas escrito...

Creía que todas esas cosas ya estaban arregladas entre nosotros, y que no te meterías con comadres, si esto no es así, es que tengo de ti una idea equivocada.

6

No quiero hablarte del daño que me has causado, no serías capaz de comprender —quiero sin embargo pedirte algunas cosas y espero que en recuerdo de otros tiempos harás lo que te digo...

Deseo además que destruyas las cartas originales y cosas mías que aún tienes y me envíes los retratos que te he dado...

Adiós Albertina, para siempre. Olvídame y créeme que sólo he querido tu felicidad.

P.

b. SEÑALA en qué carta aparecen las siguientes ideas, y con qué expresiones:

a. Celos
b. Reproches
c. Una despedida triste
d. Pasión amorosa
e. Aburrimiento o soledad
f. Impaciencia
g. Una petición
h. Adivinar qué estará haciendo la otra persona
i. Forma graciosa de llamar a la otra persona

2. Carta íntima

**En este tipo de carta se pueden incluir temas como los que aparecen a continuación.
BUSCA para cada punto un ejemplo sacado de las cartas o ESCRÍBELO tú.**

- Expresar tus sentimientos:
  - positivos: alegría / satisfacción por haber logrado algo / amor por otra persona.
  - negativos: soledad / aburrimiento / añoranza por la ausencia de alguien / celos.

- Explicar tus circunstancias actuales:
  - qué estás haciendo ahora: cualquier detalle puede ser importante.
  - amigos u otras personas conocidas por ambos: lo que hacen, etc.
  - anécdota personal.

- Expresar deseos:
  - estar en otro lugar.
  - hacer algo.
  - estar con otra persona.

- Preguntar al destinatario por las mismas cosas que se cuentan de uno mismo.

3. Poema

A veces se dicen con un poema cosas que son difíciles de expresar de otro modo. La poesía no es siempre tan complicada como parece. ELIGE alguna de las dos tareas siguientes:

a. ESCRIBE un acróstico, de manera que se pueda leer la primera letra de cada verso y forme una palabra. No importa que no rimen los versos:

b. ESCRIBE un haiku: tres versos, el primero y el tercero de cinco sílabas, el segundo de siete sílabas:

> Añoro cada palabra tuya,
> Más que nunca las necesito.
> Otros oídos las oyen,
> Razones busco para mi consuelo.

> Pudimos amar.
> La vida nos enseñó
> pero olvidamos.

Puedes escribir un acróstico con el nombre de una persona.

4. Redacta una carta personal

Escribe una carta a una persona especial para ti.

- Expresa tus sentimientos
- Cuenta lo que sientes
- Puedes incluir un poema corto

1. ¿Cómo se conocieron?

a. ESCUCHA esta entrevista en la que una mujer nos cuenta cómo conoció a su marido y cómo se enamoraron.
ESCUCHA Y CONTESTA: verdadero o falso.

	V	F
a. Jorge le gustó a Beatriz desde que lo conoció.	☐	☐
b. Jorge era bien parecido y Beatriz lo encontraba gracioso.	☐	☐
c. Al principio no pensaban en casarse.	☐	☐
d. En el noviazgo todo fue felicidad.	☐	☐
e. Jorge pidió perdón.	☐	☐
f. Finalmente se separaron.	☐	☐

b. Relaciona las expresiones con su significado:

a. Hacerse el duro
b. Echar de menos
c. Encariñarse
d. Hacer las paces

1. Empezar a quererse
2. Volver a quererse después de pelearse
3. Sentirse mal por la ausencia de alguien querido
4. Aparentar que uno no cede a las peticiones de otro

2. Cuéntame

En parejas, cuenta a tu compañero cómo conociste a una persona especial para ti: amigo/–a, novio/–a, etc. Acuérdate de decir algo sobre los siguientes aspectos:

- Circunstancias: lugar (ciudad o país), tipo de lugar (calle, cine, colegio, etc.), fecha aproximada.
- Descripción física y de la personalidad.
- Primera reacción, primera impresión.
- Desarrollo de la relación: duración, problemas, momentos buenos y malos.
- Compatibilidad / incompatibilidad de caracteres.

Para ayudarte

• Significado de los siguientes conectores y expresiones

Ya sabes	*Lo que voy a decir es conocido, te lo puedes imaginar.*
...¿verdad? / ¿no?	*Quiero que confirmes si mi suposición es correcta.*
La verdad es que...	*Admito que lo que voy a decir es verdad, aunque sea sorprendente.*
¡Ya lo creo!	*Estoy completamente de acuerdo con lo que dices.*
Total, / En definitiva,	*Voy a hablar del resultado final, resumiendo.*
Bueno, ...	*Tengo alguna duda, busco la palabra justa.*

ulia

Tertulia

¿La convivencia acerca o separa a las parejas?

Uno de cada tres matrimonios se rompe tras el primer año.

Las personas casadas y con hijos son más longevas.
Un estudio reciente ha demostrado que viven más años y con mejor salud las personas que permanecen casadas y con hijos en el hogar hasta una edad muy tardía.

Cada vez las parejas se casan más tarde.
El principal motivo es el deseo de disfrutar la juventud, según una encuesta entre jóvenes de 20 a 28 años.

INTERVENIR  **EN LA TERTULIA.**

Tras quince de años de convivencia, se casan y a los tres meses se divorcian.
Es el caso de J. M. A. y E. L., de 30 y 32 años respectivamente, que llevaban 15 años...

Dar comienzo al debate:
¿Alguien quiere empezar?   ..., ¿por qué no empiezas tú?
Pedir la opinión:
¿Qué opinas sobre esto?   ¿Cuál es tu opinión?   ¿Y tú qué dices a esto?
MATIZAR UNA AFIRMACIÓN
Seguridad:
Estoy convencido/-a de que...   Para mí está muy claro que...   No cabe duda de que...
Duda:
Parece ser que...   Yo más bien diría que...   Quizá ...   Lo más probable es que...
Apoyarse en otras fuentes:
Según ...., ...   Como dice el artículo del periódico..., ...   Por lo que dicen las estadísticas,...   Y no es que lo diga yo, sino...

1. **¿La convivencia acerca o separa a las parejas?**
2. **¿Los hijos separan o unen?**
3. **¿Es normal que los hijos vivan en casa de sus padres hasta una edad muy tardía?**

a. Formamos grupos.
   - Cada grupo elige uno de los tres temas propuestos y prepara cinco argumentos distintos.
   - Para cada argumento hay que buscar un ejemplo.
   - Hay que organizar los argumentos y redactar una presentación.

b. Se inicia el debate con un grupo.
   Los ponentes son los que forman parte del grupo, así como el moderador. El público puede intervenir para formular preguntas o hacer alguna apreciación.

c. Por turnos, cada grupo hace la presentación del tema elegido.
   El moderador marca el tiempo y pide a otro grupo que presente su tema.

Mujer actual.

Unidad 8
Mujeres en la encrucijada

Objetivos

■ **Competencias pragmáticas:**

• Formular condiciones.
• Hablar de opciones de vida.
• Hablar de discriminación.
• Argumentar y estructurar el discurso.

■ **Competencias lingüísticas:**

Competencia gramatical
• Adverbios y locuciones adverbiales de duda.
• Oraciones condicionales I y II.
• Conectores del discurso III.

Competencia léxica
• Mundo laboral y hogar.
• Formas de vida.

■ **Conocimiento sociocultural:**

• La mujer y el mundo laboral en España.
• Nuevos estilos de vida en España.

Recursos y tareas

■ Comprender un texto literario.
• Escribir un resumen.

■ Comprender intervenciones orales y expresarse sobre la situación de la mujer.

■ Taller de escritura.
• Redactar una carta al director de una revista.

■ Tertulia.
• Expresar la opinión sobre diferentes estilos de vida.

Comprensión lectora

1. La discriminación de la mujer

"¡No quiero doctores con faldas!"

"¡Mientras yo esté en este tribunal no habrá una mujer diplomática!"

a. ¿Qué opinión te merecen estos comentarios?
b. ¿Has oído alguna vez frases parecidas?
c. ¿Conoces alguna anécdota o historia relacionada con la discriminación de la mujer?
d. ¿Qué problemas tiene la mujer en la sociedad actual?

¿Qué habría pasado si el coronel don Mariano Tristán hubiera vivido muchos años más? No hubieras conocido la pobreza, Florita. Gracias a una buena dote, estarías casada con un burgués y acaso vivirías en una bella mansión rodeada de parques , en Vaugirard. Ignorarías lo que es irse a la cama con las tripas torcidas de hambre, no sabrías el significado de conceptos como discriminación y explotación. Injusticia sería para ti una palabra abstracta. Pero, tal vez, tus padres te habrían dado una instrucción: colegios, profesores, un tutor. Aunque no era seguro: una niña de buena familia era educada solamente para pescar marido y ser una buena madre y ama de casa. Desconocerías todas las cosas que debiste aprender por necesidad. Bueno, sí, no tendrías esas faltas de ortografía que te han avergonzado toda tu vida y, sin duda, hubieras leído más libros de los que has leído. Te habrías pasado los años ocupada en tu guardarropa, cuidando tus manos, tus ojos, tus cabellos, tu cintura, haciendo una vida mundana de saraos, bailes, teatros, meriendas, excursiones, coqueterías. Serías un bello parásito enquistado en tu buen matrimonio. Nunca hubieras sentido curiosidad por saber cómo era el mundo más allá de ese reducto en el que vivirías confinada, a la sombra de tu padre, de tu madre, de tu esposo, de tus hijos. Máquina de parir, esclava feliz, irías a misa los domingos, comulgarías los primeros viernes y serías, a tus cuarenta y un años, una matrona rolliza con una pasión irresistible por el chocolate y las novenas. No hubieras viajado al Perú, ni conocido Inglaterra, ni descubierto el placer en los brazos de Olimpia, ni escrito, pese a tus faltas de ortografía, los libros que has escrito. Y, por supuesto, nunca hubieras tomado conciencia de la esclavitud de las mujeres ni se te habría ocurrido que, para liberarse era indispensable que ellas se unieran a los otros explotados a fin de llevar a cabo una revolución pacífica, tan importante para el futuro de la humanidad como la aparición del cristianismo hacía 1844 años. —"Mejor que te murieras, mon cher papa", se rió, saltando de la cama.

Fragmento de *El Paraíso en la otra esquina*, Mario Vargas Llosa.
Santillana, 2003.

2. "Pescar marido"

a. **LEE el texto y RELACIONA las palabras con su significado.**

a. Dote	1. Oraciones que se rezan durante nueve días seguidos.
b. Mansión	2. Armario.
c. Guardarropa	3. Casa señorial.
d. Sarao	4. Dinero que aporta la mujer cuando se casa.
e. Novena	5. Persona que vive a costa ajena.
f. Matrona	6. Estudiada afectación en los modales y adornos.
g. Parásito	7. Reunión nocturna en la que hay bailes y música.
h. Coquetería	8. Madre de familia corpulenta y de cierta edad.

b. **Según el texto, ¿QUÉ QUIERE DECIR...?**

a. Acaso vivirías en una bella mansión...
   1. finalmente ☐ 2. tal vez ☐

b. Tripas torcidas
   1. tener hambre ☐ 2. dolor de barriga ☐

c. Pescar marido
   1. buscar y conseguir ☐ 2. deshacerse de ☐

d. Algo enquistado
   1. abierto ☐ 2. encerrado ☐

e. Parir
   1. dar a luz ☐ 2. dar la luz ☐

f. Rolliza
   1. bien formada ☐ 2. gorda ☐

c. **SUBRAYA todas las palabras vinculadas con:**

- La injusticia social (la pobreza,...)
- La vida mundana, frívola y festiva (sarao,...)

3. Una revolución pacífica

LEE de nuevo el texto y CONTESTA a las preguntas.

a. ¿Qué tendría que haber pasado para que Florita no conociera la pobreza?
b. ¿Dónde, cómo y con quién viviría Florita?
c. ¿Qué cosas no debería haber conocido?
d. ¿Le habrían dado sus padres una buena formación?
e. ¿Cuál era el papel tradicional de la mujer de la época?
f. ¿Cómo habría pasado sus años?
g. Explica con tus propias palabras: "serías un bello parásito enquistado en tu buen matrimonio".
h. Subraya la parte del texto en la que Vargas Llosa describe la rutina diaria de una "matrona rolliza".
i. ¿Por qué vías habrían de liberarse las mujeres?
j. ¿Cómo explicarías la frase "mejor que te murieras, mon cher papa"?
k. El texto tiene un marcado tono...
    1. sarcástico ☐ 2. hipotético ☐ 3. conciliador ☐

4. En pocas palabras

RESUME el texto en unas cuarenta palabras. Luego, compáralo con el de tu compañero y decide cuál es el mejor y por qué.

Comprensión auditiva

1. Compaginar trabajo y vida personal

a. Antes de escuchar.
¿Qué SIGNIFICAN estas palabras que aparecen en las tres audiciones?

a. Treintañera
- 1. de treinta a cuarenta años ☐
- 2. de treinta semanas ☐

b. Claudicar
- 1. trabajar en casa ☐
- 2. ceder, transigir ☐

c. Ascender
- 1. bajar ☐
- 2. subir ☐

d. Gincana
- 1. un lío ☐
- 2. una carrera de obstáculos ☐

e. Alivio
- 1. quitar un peso de encima ☐
- 2. poner un peso encima ☐

f. Supervivencia
- 1. vivir por encima de tus posibilidades ☐
- 2. seguir viviendo ☐

g. Compaginar
- 1. pasar página ☐
- 2. hacer al mismo tiempo ☐

h. Desatendido
- 1. que no está cuidado ☐
- 2. que no se entiende ☐

i. Cumplir con
- 1. hacer algo en tiempo récord ☐
- 2. hacer lo debido ☐

j. Crucial
- 1. fundamental ☐
- 2. fatal ☐

b. RELACIONA las expresiones con su significado.

a. Pasar / entrar uno por el aro
b. Estar traumatizada / algo te traumatiza
c. Es una barbaridad

1. Causar una impresión o emoción fuerte y negativa.
2. Es un hecho absurdo.
3. Acceder a ejecutar algo que no querías.

c. COMPLETA las frases con las expresiones.

1. Sólo la mera idea de no estar el suficiente tiempo con mi familia...
2. Dejar a los niños todo el día al cuidado de los abuelos...
3. Aunque el trabajo no me convencía mucho, el horario era bueno, así que tuve que...

2. Treintañeras de regreso a casa: Hijos sí, despachos no

Este es el título de la audición. ¿De qué crees que va a tratar?

3. Hablan tres mujeres

a. ESCUCHA los testimonios y COMPLETA las fichas con la información que falta.

Nombre	Ana	Laura	Teresa
Apellido y edad			
Estudios			
Hijos (nº y edad)			
Motivos por los que dejó el trabajo			

b. ESCUCHA de nuevo y MARCA quién dice estas frases: Ana, Laura o Teresa.

	Ana	Laura	Teresa
Probablemente lo más difícil sea la falta de independencia económica.			
Mi vida era una gincana.			
Ahora me apetece ser ama de casa.			
El sentimiento de culpabilidad me traumatizaba porque no cumplía ni con mis hijos ni con el trabajo.			
Puede que me dedique a la formación o al teletrabajo.			
Creo que es imposible compaginar el trabajo y la familia.			
Soy consciente de que cuando dices que has dejado el trabajo la gente te mira mal.			

a. ¿Y tú qué hubieras hecho en su lugar?
b. ¿Crees que merece la pena dedicar tantos años a los estudios y a la formación académica para luego quedarte en casa?
c. ¿Cómo justificarías lo que han hecho estas mujeres? ¿Te parece lógico o es una irresponsabilidad por su parte?
d. ¿Crees que son incompatibles el éxito profesional y la maternidad?

4. Ventajas e inconvenientes de dejar el trabajo

REFLEXIONA y COMPLETA el cuadro.

Ventajas	Inconvenientes
Puedes dedicar más tiempo a los demás	.... No tienes independencia económica

LEE este texto y RESPONDE a la pregunta.

Quizá si a estas alturas del discurso *Simone de Beauvoir* levantara la cabeza, su disgusto sería mayúsculo porque sencillamente esto no estaba previsto. En los años 60, el feminismo tomaba las calles y se vislumbraba un siglo XXI donde la mujer fuera reina y señora de una rigurosa mitad del mundo. Se la imaginaba presidiendo países y consejos de administración en la misma proporción que la población masculina. Pero los pronósticos no se han cumplido. Hoy las mujeres aún ganan un tercio menos que los hombres. (...)

Fragmento de *Agrupémonos todas*, Isaías Lafuente, Aguilar, 2003.

• ¿Qué te parece esta apreciación? COMÉNTALA con tu compañero/a.

Lengua

 ADVERBIOS Y LOCUCIONES ADVERBIALES DE DUDA

Quizá(s) Tal vez Posiblemente Probablemente	+ Indicativo o Subjuntivo Con Indicativo expresa lo que se considera posible. Con Subjuntivo expresa una posibilidad remota. *Tal vez me dedicaré/ dedique a los negocios cuando sea mayor.* *Probablemente lo más difícil sea / es la falta de independencia económica.*
Seguramente	+ Indicativo *Seguramente iré a México este verano.*

Lo más probable es que Es probable / posible que Puede (ser) que	+ Subjuntivo • Presente de Subjuntivo: hace referencia al presente o al futuro. *Es posible que me reincorpore al trabajo en unos años.* • Pretérito Imperfecto / Perfecto de Subjuntivo: hace referencia al pasado. *Puede que a Ignacio le molestara / haya molestado el chiste que contaste.*

1 SUBRAYA la forma adecuada.

a. Lo más probable es que tu sustituto *llegue / haya llegado* ya y esté perdido por el edificio.

b. Puede que a tu jefa le *sentaría / haya sentado* mal que no la invitaras a la fiesta.

c. Seguramente mi familia *abrirá / abriese* una empresa de informática.

d. Quizás en este nuevo empleo *gano / gane* más que mi marido.

e. Es probable que el director de Recursos Humanos *cuenta / cuente* conmigo para formar su equipo.

f. Es posible que *busco / busque* un trabajo a tiempo parcial dentro de unos meses.

2 En parejas, PIENSA y ESCRIBE predicciones sobre cómo será la sociedad del futuro: el papel de la mujer, el trabajo, la familia, los matrimonios, etc.

Ejemplo: *Lo más probable es que la sociedad sea más igualitaria.*

 ORACIONES CONDICIONALES I

La oración condicional tiene dos partes: la que expresa la condición (suele ir introducida por *si*), es la oración subordinada, y la que expresa la consecuencia, es la oración principal.

Cumplimiento de la condición poco probable o imposible en el presente y en el futuro.
• Si + Imperfecto de Subjuntivo + Condicional Simple
Si quisieras, me iría contigo.

Cumplimiento de la condición imposible. Acción no realizada en el pasado.
- Si + Pluscuamperfecto de Subjuntivo + Condicional Compuesto
¿Qué habría pasado si el coronel don Mariano Tristán hubiera vivido muchos años más?
- Si + Pluscuamperfecto de Subjuntivo + Pluscuamperfecto de Subjuntivo (acabado en –ra)
(...) si el coronel Mariano Tristán hubiera vivido muchos años más (...) Florita no hubiera viajado al Perú.

Expresar una condición no realizada en el pasado con consecuencias en el presente:
- Si + Pluscuamperfecto de Subjuntivo + Condicional Simple:
Si don Mariano Tristán hubiera vivido más [condición pasada e imposible, porque ya ha muerto] *Flora estaría casada* [consecuencia actual] *con un burgués.*

RELACIONA las dos columnas.

a. Si no hubiera llovido	1. su novia no lo habría dejado.
b. Si nos hubiéramos dado más prisa	2. no le habría dolido el estómago.
c. Si mi hermana hubiera estudiado más	3. habríamos ido todos a la playa.
d. Si tu perro no hubiera cruzado la calle	4. no habríamos llegado tarde al cine.
e. Si mi madre no hubiera comido tanto	5. no lo habría pillado un coche.
f. Si Pedro hubiera sido más sensato	6. no habría tenido que repetir curso.

TERMINA la frase.

a. Si hubiera nacido hombre / mujer,...
b. Si mi vecino no hubiera encontrado trabajo cerca de su casa,...
c. Si no hubiera tenido tantos hijos,...

d. Si me hubiera tomado el español más en serio,...
e. Si mis niños hubieran pasado más tiempo en Francia,...
f. Si Miguel y Lucía hubieran ahorrado algún dinero antes de casarse,...

CONTESTA a estas preguntas y ESCRIBE un texto.

a. ¿Qué habría pasado si hubieras nacido hombre / mujer ?
b. ¿Tu vida hubiera sido diferente? ¿En qué sentido? ¿Con qué problemas te habrías tenido que enfrentar? Puedes tratar los siguientes puntos: carácter, personalidad, aspecto físico, formación, trabajo, familia, tiempo libre, etc.

 ORACIONES CONDICIONALES II

Siempre que		*Siempre que vuelvas pronto, puedes ir a la fiesta.*
Con tal de que		*Me da igual lo que tomes con tal de que comas algo.*
A condición de que	+ Subjuntivo	*Te la dejo a condición de que me la devuelvas pronto.*
Como		*Como se escape el gato, vamos a tener un disgusto.*
Salvo que		*Iré a verte salvo que llueva.*
En caso de que		*En caso de que tenga vacaciones me iré a Cádiz.*

SUBRAYA la forma correcta.

a. Iremos a visitaros, a condición de que vosotros *vendréis / vengáis* también a vernos a nosotros.
b. Llámame por teléfono siempre que *quieres / quieras*.
c. Te *compraré / compraría* estos pantalones con tal de que te calles un rato.
d. No habría estropeado la tarta si *habría / hubiera* sido más cuidadoso.
e. Como *vuelves / vuelvas* tarde de la fiesta, tus padres se van a enfadar.
f. Comemos juntos salvo que *tengo / tenga* mucho trabajo.

Taller *de escritura*

Redactar cartas al director

1. El síndrome de la invisibilidad

Una revista pide a sus lectores que le envíen ejemplos tomados de la vida real en los cuales se detecte la invisibilidad de la mujer en la sociedad actual. Estos son algunos de los artículos.

a. LEE estas cartas.

CARTAS AL DIRECTOR

Cuando el tenista Juan Carlos Ferrero ganó la final de Roland Garros, algunos periódicos dijeron que era el sexto jugador español que conquistaba este título, "olvidándose" de incluir en esa lista a Arancha Sánchez Vicario, la única que lo ha conseguido en tres ocasiones. Pero, naturalmente, ella no es español, es española. No cuenta. Es sólo un ejemplo, pero podrían ponerse cientos. Y no son anécdotas.

Pilar García Ruiz.

Cuando se difundió la noticia de que Elena Arnedo sería candidata del PSOE a las elecciones municipales de 2003 en el Ayuntamiento de Madrid, algún titular de prensa se refirió a ella como "la ex de Boyer", omitiendo incluso su nombre en el encabezamiento de la noticia. Pero la cosa no es para tomarla a broma. Definir a una mujer de gran prestigio profesional como Elena Arnedo como "la ex de quien sea" no deja de ser un ejercicio de profundo sexismo.

Alfredo López Muñoz.

Textos adaptados, *Agrupémonos todas*, Isaías Lafuente, ed. Aguilar, 2003.

b. En parejas, ESCRIBE en un papelito unas tres o cuatro líneas sobre casos de injusticias cometidas con mujeres. Después intercambiad los papeles.

2. Esperanza o melancolía

a. LEE esta carta y ORDENA los párrafos.

b. Utilizando expresiones del recuadro siguiente, ESCRIBE cuatro argumentos donde se muestre claramente tu postura, optimista o pesimista:

CARTAS AL DIRECTOR

3 (a) En segundo lugar, deberíamos exigir más guarderías públicas para que las madres trabajadoras pudieran dejar a sus bebés allí y no tengan que recurrir a abuelas o familiares para poder salir adelante.

5 (b) Solamente me gustaría añadir que espero que las nuevas generaciones de mujeres no se encuentren con los mismos problemas y discriminaciones del pasado machista que todos hemos soportado.

2 (c) En primer lugar, deberíamos preguntarnos por qué es siempre la mujer la que tiene que dejar el trabajo para quedarse en el hogar y cuidar de los hijos. ¿Es acaso siempre la mujer menos inteligente y está menos preparada que el marido?

6 (d) Por último, espero que mis reivindicaciones y reflexiones no caigan en saco roto y todos pongamos algo de nuestra parte para conseguir un mundo más justo.

1 (e) Me gustaría empezar diciendo que sería una irresponsabilidad por mi parte si negara todo lo que se ha avanzado en el campo de la igualdad. Sin embargo, hay todavía un largo camino que recorrer.

4 (f) En tercer lugar, tendríamos que preguntarnos por qué hay tan pocas mujeres que ocupan puestos directivos de responsabilidad si hoy en día todos sabemos que las universidades están llenas de mujeres. ¿Es que nadie confía en ellas? ¿No se merecen tener el mismo tratamiento, puesto y sueldo que los hombres en igualdad de condiciones?

Laura Gómez Bueno.

espero que + subj.

Adverbios: Indudablemente Afortunadamente Por supuesto (que) Desgraciadamente Sin duda alguna Evidentemente **Expresiones:** Está claro que Me parece Ya es hora de que Es / Resulta evidente que *+ INDICATIVE* Sería injusto *+ SUBJUNCTIVE* Es una vergüenza que No cabe duda de que Cabría preguntarse si Habría que felicitarse por

1. ....
2. ....
3. ....
4. ....

c. INTERCAMBIA tus argumentos con otro compañero y lee los suyos. ESCRIBE contestaciones para sus argumentos. INTERCAMBIA otra vez los papeles y LEE las contestaciones a tus argumentos.

3. Redacta una carta al director

ESCRIBE al director de la revista exponiendo tu punto de vista y dando ejemplos.

- Puedes utilizar los argumentos anteriores.
- Estructura la carta dividiéndola en párrafos según el modelo.
- Articula tu discurso utilizando los adverbios y las expresiones propuestas.
- La carta tendrá unas 150/180 palabras.

Familia monoparental

Pareja de hecho

Pareja homosexual

FAMILIA MODERNA

SOLTERO/A

Familia tradicional

1. Estilos de vida

a. LEE estos recortes de revista.

EL PAIS — *Semanal*

Son profesionales, autosuficientes, libres y han tomado el timón de sus vidas. No necesitan ser esposas y madres para realizarse. Viajan solas, dedican tiempo y esfuerzo a su trabajo, tienen una ajetreada vida social, consumen con inteligencia y se cuidan mucho. Están de moda: son solteras. Las mujeres han conseguido elegir si quieren vivir o no en pareja, y si quieren o no tener hijos. Hoy parece algo completamente natural, pero hasta hace bien poco quedarse soltera era sinónimo de fracaso.(...)

Texto adaptado, *El País semanal*.
Carmen Aguilera.

EL PAIS — *Semanal*

(...) Tiene que ver con el cambio de mentalidad que ha experimentado la sociedad española, y que trae consigo nuevos modelos de cohabitación: de las parejas de hecho a las familias monoparentales, pasando por todo tipo de uniones o singularidades que, en definitiva, se van desmarcando de la familia tradicional.

Texto adaptado, *El País semanal*.
Carmen Aguilera.

El vínculo que une la "familia moderna" es de naturaleza puramente humana, basado en el amor y el respeto. El concepto de matrimonio ahora se fundamenta en una decisión personal y no en una obligación moral. Sus miembros son más individualistas y tratan de buscar su realización personal y la satisfacción de sus necesidades afectivas, económicas, etc. Los roles de los miembros son más flexibles que en la "familia tradicional".

Texto adaptado, *La familia, bases teóricas para una reflexión pedagógica*.
Enrique Sánchez Rivas.

b. A partir de los textos, REFLEXIONA.

a. ¿Cuál es la diferencia entre soltera y solterona?,
b. ¿Por qué crees que hasta hace poco quedarse soltera era sinónimo de fracaso en España? ¿Pasaba algo parecido en tu país?
c. ¿En qué ha cambiado la mentalidad española?
d. ¿Conoces otros modelos de cohabitación? ¿Cuáles?
e. ¿Qué es una "familia tradicional"? ¿Crees que está en crisis?
f. ¿Cuál es la situación de tu país respecto a este tema?

Tertulia

¿Soltero/a, casado/a u otros modelos de cohabitación?

a. Cada persona decide defender una de las tres posturas.
b. Formamos grupos y elegimos un portavoz en cada uno.
c. Cada grupo elabora su propia lista con las ventajas y los inconvenientes para poder defender su punto de vista.
d. Llevamos a cabo el debate utilizando el mayor número de expresiones del cuadro.

INTERVENIR  **EN LA TERTULIA.**

Añadir más información, quedarse en blanco, desviarse del tema:
¿Qué estaba diciendo? He perdido el hilo. Ah, sí, ya me acuerdo.
Creo que nos estamos yendo del tema. En realidad,...
Corregir lo que uno ha dicho:
No sé si me he expresado bien. Lo que quiero decir es que ...
Creo que no has entendido bien lo que quería decir. Lo voy a expresar de otra forma.
No me interpretes mal. No he querido decir eso.
Estar de acuerdo o no con algo o con alguien:
Estoy de acuerdo contigo, pero creo que sería más exacto decir que ...
Respeto tu opinión, pero yo creo que ...
Tenemos puntos de vista diferentes.
(No) estoy (en absoluto) de acuerdo contigo / con tus ideas.
(No) comparto tu opinión en este asunto / tema.
Interrumpir una discusión o debate:
Perdona que te interrumpa, pero pienso que ...
¿Puedo hacer un inciso / una aclaración?
Lo siento, pero es mi turno de palabra.

Prensa.

Unidad 9

Periodismo de investigación

O b j e t i v o s

■ **Competencias pragmáticas:**

• Hablar de la prensa.
• Hablar de experiencias arriesgadas.
• Expresar los gustos y la opinión.

■ **Competencias lingüísticas:**

Competencia gramatical
• Pretérito Pluscuamperfecto de Subjuntivo.
• Perífrasis verbales durativas.
• Perífrasis verbales terminativas.

Competencia léxica
• Periodismo y riesgo.
• La prensa.

■ **Conocimiento sociocultural:**

• Periodismo de guerra y de investigación en España.
• La prensa en España.

Recursos y tareas

■ Comprender una entrevista.
• Hablar sobre el periodismo de investigación.

■ Comprender un texto literario.

■ Taller de escritura.
• Redactar un artículo de opinión.

■ Vídeo.
• Descubrir una realidad sociocultural: el quiosco.

Comprensión auditiva

1. Periodismo arriesgado

Antes de escuchar, CONTESTA a estas preguntas.

- ¿Qué opinas sobre el periodismo de investigación?
- ¿Qué peligros tiene para el periodista la infiltración en bandas de delincuentes?
- ¿Conoces algún reportaje que pertenezca al género "periodismo de investigación"?

Vas a oír una entrevista con Antonio Salas, que es el seudónimo bajo el que se esconde el periodista que ha escrito *Diario de un skin*, un escalofriante relato que narra las conexiones del movimiento neonazi con el fútbol y con la Policía.

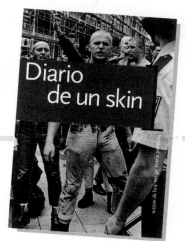

2. Habla un infiltrado

a. ¿Qué SIGNIFICAN estas palabras que vas a escuchar en la audición?

a. Precauciones
1. medidas de seguridad ☐
2. obsesiones ☐
3. prejuicios ☐

b. Estresante
1. interesante ☐
2. extraño ☐
3. provoca tensión o ansiedad ☐

c. Infiltrado
1. estar en un grupo sin pertenecer a él para obtener información. ☐
2. estar en un grupo como miembro pleno del mismo. ☐
3. no pertenecer a ningún grupo. ☐

d. Cabezas huecas
1. personas manipulables ☐
2. personas sencillas ☐
3. personas sin prejuicios ☐

e. Alucinar
1. marearse ☐
2. irritarse ☐
3. sorprenderse mucho ☐

f. La manada
1. grupo de delincuentes ☐
2. grupo de animales ☐
3. grupo de locos ☐

g. Utilizar como prueba
1. argumento ☐
2. evidencia ☐
3. muestra ☐

h. Recapacitar
1. pensar ☐
2. resolver ☐
3. cambiar ☐

i. Tontear
1. hacer el tonto ☐
2. equivocarse ☐
3. simpatizar ☐

j. "Palabra de honor"
1. juramento o promesa ☐
2. afirmación muy seria ☐
3. título honorífico ☐

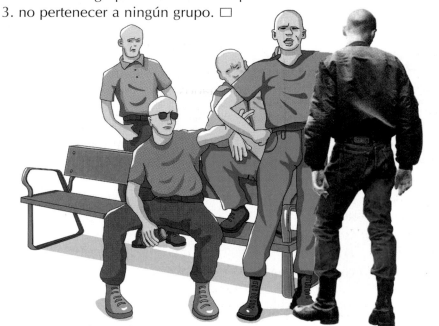

b. ESCUCHA y CONTESTA a las preguntas:

a. ¿Cómo se siente el autor desde la aparición del libro *Diario de un skin*?

b. ¿Qué es lo que más esfuerzo le costó para que no lo descubrieran?

c. ¿A qué clase social pertenecen la mayoría de los skin-heads?

d. ¿Por quién o quiénes se dejan manipular los skin?

e. ¿En qué se diferencian de otras tribus urbanas?

f. ¿Quiénes tienen que aportar pruebas contra los skin-heads?

g. ¿Cuál era la labor del periodista infiltrado dentro del grupo?

h. ¿Por qué piensa el autor que los skin recapacitarán?

3. Cámara oculta

a. En grupos. ¿Qué PENSÁIS de la utilización de las siguientes estrategias para obtener una información que permita redactar reportajes de periodismo de investigación?

Estas son las opiniones de dos periodistas:

- Emplear una cámara oculta.
- Llevar grabadoras no conocidas por el entrevistado.
- Utilizar una falsa identidad.
- Usar a confidentes.
- Hacer un seguimiento de la información a través de la red.
- Hacer una labor de detective privado en la calle.
- Infiltrarse en una banda.

Consuelo Sánchez: "A mí no me parece trabajo de periodistas (...) ¿Es periodismo no identificarse como periodista? Señala que cuando se informa, se crea un "contrato" entre la fuente y el periodista, por lo que: "Hay que jugar limpio con las fuentes".
Según ella, el verdadero objetivo de la utilización de cámaras ocultas es "buscar audiencia".

Fragmento de IBLNEWS - PúblicasOnline®

José Antonio Pareja defendió el derecho a la intimidad y aseguró no estar "a ultranza en contra del uso de las cámaras ocultas, pero sí de que se conviertan en un género periodístico".

Fragmento de IBLNEWS - PúblicasOnline®

b. Cada grupo EXPRESA SU OPINIÓN acerca de las siguientes afirmaciones:

a. Es legítimo investigar un asunto de interés general con cualquier medio a nuestro alcance.

b. Los periodistas tienen que identificarse siempre ante sus entrevistados.

c. Las cámaras ocultas son necesarias para obtener ciertas informaciones.

Para ayudarte

Se pueden emplear los siguientes argumentos:
- *Es muy arriesgado.*
- *No es aceptable mentir.*
- *Es la única forma de que te den información.*
- *La sociedad necesita esa información por cualquier medio.*
- *Consigues la confianza del entrevistado.*

1. La voladura del puente

Antes de leer

- ¿Has visto por televisión algún reportaje realizado en una zona de guerra?
- ¿Tienen para ti el mismo interés que el resto de las noticias?

La obsesión de Márquez por los puentes venía de tres años atrás, otoño de 1994, cuando el de Petrinja se le escapó por muy poco y Christiane Amanpout, de la CNN, llegó tarde a la guerra. Márquez tenía docenas de puentes intactos y destruidos, pero nunca en el momento de volar por los aires. Ningún cámara profesional lo había logrado aún en la ex Yugoslavia. Grabar un puente en el momento en el que dice adiós muy buenas parece fácil, pero no lo es. Para empezar, hay que estar allí. Eso no siempre es posible, y además la gente no va pregonando que se dispone a volar tal o cual cosa. Simplemente pone unas cargas, lo vuela y ya está. Por otro lado, aunque uno esté al corriente de que se prepara la voladura, o lo sospeche, hay que tener una cámara en la mano y grabar mientras se produce el evento. O sea, que además de estar allí es necesario estar allí filmando. Y hay cantidad de pegas que pueden impedirle a uno filmar. Que te disparen, por ejemplo. O que caigan tantas bombas que nadie sea capaz de levantar la cabeza. O que los soldados que se ocupan del asunto no te dejen grabar. También, según la conocida ley de Murphy –la tostada siempre cae al suelo por el lado de la mantequilla–, la voladura del puente, como la mayor parte de las cosas que ocurren en una guerra, se produce justo cuando tienes la cámara apagada, o estás cambiando la cinta, o has ido un momento al coche porque se agotaron las baterías.

–¿Cómo vas de baterías?– preguntó Barlés.
Márquez miró el indicador e hizo un gesto afirmativo. Había suficiente si las cosas no se prolongaban demasiado. No iba a correr el riesgo de apagar la Betacam, pues en tal caso la voladura podía llegar antes de que transcurrieran los ocho segundos necesarios para que la cámara estuviese de nuevo en servicio.

Fragmento de *Territorio comanche*. Arturo Pérez Reverte.
Ollero & Ramos editores, 1994.

2. Grabar

a. LEE el texto y di qué significan estas palabras y expresiones.

a. "El puente de Petrinja se le escapó por muy poco": el protagonista...

1. huyó ☐   2. no llegó a tiempo ☐   3. se perdió ☐

b. "Volar por los aires"

1. explotar ☐   2. estropearse ☐   3. perder el equilibrio ☐

c. El momento en el que dice adiós muy buenas

1. se despide ☐   2. se va ☐   3. desaparece ☐

d. Disparar

1. salir ☐   2. tirotear ☐   3. descender ☐

b. REFLEXIONA y ESCRIBE los sinónimos y los contrarios de las siguientes palabras.

a. Sinónimos:

intactos   pegas   grabar   agotar   pregonar   prolongar

....

b. Contrarios:

logrado   difícil   levantar   empezar   apagada   impedir   afirmativo

....

c. ASOCIA cada expresión de la columna de la izquierda (a, b, c, d) con su significado (1, 2, 3, 4).

a. Se dispone a volar   1. Introduce una expresión que significa lo mismo.
b. Está al corriente   2. Se refiere a algo terminado.
c. O sea   3. Sabe algo.
d. Y ya está   4. Va a hacer algo dentro de muy poco tiempo.

3. Reporteros de guerra

A partir del texto, RESPONDE a las preguntas.

a. ¿Qué quería hacer el periodista con los puentes? ¿Por qué es difícil grabar la voladura de un puente?

b. ¿Qué quiere decir Pérez Reverte con la expresión "Llegó tarde a la guerra"? ¿Cuál es su intención comunicativa?

Punto de vista

a. ¿Qué papel desempeñan los periodistas en zonas en guerra? ¿Son testigos necesarios? ¿Crees que son incómodos para las partes en conflicto?

b. ¿Qué son para ti estos periodistas: héroes, aventureros, gente intrépida? ¿Merece la pena el riesgo que corren?

c. ¿Cuáles son para ti los motivos que mueven a los reporteros de guerra?:
   • lograr que todos sepamos la verdad.   • huir de sus problemas personales.
   • conseguir el éxito profesional y la fama.   • experimentar emociones fuertes.

Lengua

PRETÉRITO PLUSCUAMPERFECTO DE SUBJUNTIVO

Se forma con el Pretérito Imperfecto del verbo haber + el Participio Pasado del verbo.

	HABER			HABLAR
(Yo)	hubiera	o	hubiese	
(Tú)	hubieras	o	hubieses	
(Él/ella/Vd.)	hubiera	o	hubiese	hablado
(Nosotros/as)	hubiéramos	o	hubiésemos	
(Vosotros/as)	hubierais	o	hubieseis	
(Ellos/ellas/Vds.)	hubieran	o	hubiesen	

• Expresa una acción hipotética que no se realizó en el pasado.
Yo sí las hubiera aceptado como prueba.

• Puede expresar una condición irreal –no cumplida– en pasado:
Si me hubieras avisado, te habría invitado.

• Puede expresar una fuerte oposición de ideas en pasado, tanto referida a acciones irreales como poco probables.
Aunque hubiera estudiado Derecho, no habría llegado a juez.

• Tiene los mismos valores de tiempo que el Pretérito Pluscuamperfecto de Indicativo (acción pasada y acabada anterior a otra pasada), pero con los valores modales del Subjuntivo (deseo, duda, juicio de valor u opinión negativa).
Nunca había montado en un helicóptero (es la primera vez que lo hago).
Nunca hubiera montado en un helicóptero (la misma idea, pero con valor irreal).

• En estilo indirecto en pasado, usamos el Pretérito Pluscuamperfecto de Subjuntivo con verbos de deseo, duda o juicio de valor para referirse a una acción anterior.
Él me comunicó (ayer) que Juan lo había hecho (la semana anterior).
Él se alegró de que Juan lo hubiera hecho (la semana anterior).

1 En las frases siguientes ELIGE el verbo en Pretérito Imperfecto o Pretérito Pluscuamperfecto de Subjuntivo.

a. Si lo *supiera / hubiera sabido*, te lo diría.
b. Si lo *supiera / hubiera sabido*, te lo habría dicho.
c. Aunque me lo *prometieras / hubieras prometido*, no te creería.
d. Aunque me lo *prometieras / hubieras prometido*, no te habría creído.
e. Yo lo *hiciera / hubiera hecho* / de otra manera.
f. Me dijo que no *tomara / hubiera tomado* ese medicamento.
g. Me recomendó que lo *hiciera / hubiera hecho* lo más pronto posible.
h. En sus tiempos, nunca se *atreviera / hubiera atrevido* a decir tales cosas.

2 En las frases siguientes **ELIGE** el verbo en Pretérito Pluscuamperfecto de Subjuntivo o de Indicativo.

a. Cuando viniste, él ya se *había ido / hubiera ido*.
b. Ojalá lo *había sabido / hubiera sabido* antes de actuar.
c. Su padre quería que él *había estudiado / hubiera estudiado* Medicina.
d. Se alegró de que *había ganado / hubiera ganado* su equipo favorito.
e. Él sabía que su amigo *había sido / hubiera sido* piloto de guerra.
f. Él no sabía que su amigo *había sido / hubiera sido* piloto de guerra.
g. Creía que ya lo *habías pagado / hubieras pagado*.
h. Nunca creí que *había cometido / hubiera cometido* aquel crimen tan horrible.

 PERÍFRASIS VERBALES DURATIVAS

• Estar + Gerundio: expresa una acción durativa que tiene lugar en un momento determinado.
Se produce justo cuando tienes la cámara apagada, o estás cambiando la cinta.

• Ir + Gerundio: expresa una acción que se realiza de manera progresiva, poco a poco.
Su salud va mejorando.
Expresa una acción durativa que se va repitiendo a lo largo del tiempo.
La gente no va pregonando que se dispone a volar tal o cual cosa.

• Andar + Gerundio: expresa una acción durativa que se desarrolla de manera reiterada, y normalmente tiene sentido negativo.
Anda diciendo que tú lo cuentas todo.

 PERÍFRASIS VERBALES TERMINATIVAS

• Dejar de + Infinitivo: expresa el final de una acción frecuente.
Ha dejado de fumar.
Ha dejado de salir con Laura.

• Acabar de + Infinitivo: expresa una acción realizada inmediatamente antes del momento en que se habla.
¿Llegaste hace mucho? No, acabo de llegar.

3 EXPRESA la misma idea (o muy parecida) que la de las siguientes frases, utilizando la perífrasis verbal más adecuada:

a. Álvaro ya no canta en un conjunto de rock. Álvaro .... en un conjunto de rock.
b. Carlos cuenta todos los cotilleos de los vecinos. Carlos .... todos los cotilleos.
c. Él se queja sin motivo todo el mes. Él .... todo el mes.
d. El pan está reciente. El pan .... salir del horno.
e. Desde que está en España aprende español poco a poco. Él .... español.
f. Antonio montaba antes en moto. Ahora no lo hace. Antonio .... en moto.
g. Javier sale por la puerta en este momento. Javier .... por la puerta.
h. ¿Se adapta Elisabeth a España? Al principio, no, pero .... poco a poco.
i. Está muy emocionado: ha sabido que es padre. .... saber que es padre de tres niños.
j. Ahora mismo él lee su correo electrónico. .... su correo electrónico.

Taller *de escritura*

Redactar una columna de opinión

1. Expresa tu opinión

En una columna de opinión el periodista expresa su punto de vista sobre un asunto de actualidad.

REDACTA Frases en las que manifiestes tu opinión personal sobre cuestiones de actualidad, empleando expresiones del cuadro.

Ej: *No soporto que llenen mi buzón con propaganda comercial.*

a. .... que haya niños soldado en las guerras.

b. .... que los dueños de los perros no los controlen.

Para ayudarte

Hablar de estados de ánimo o sentimientos:	
Expresar:	
Gusto y alegría	*Miedo, extrañeza y preocupación*
Me gusta (que)	*Tengo miedo de (que)*
Me encanta (que)	*Temo (que)* — to be scared
Me alegra (que)	*Me preocupa (que)* + *Infinitivo, sustantivo o Subjuntivo*
¡Qué bien (que)...!	*¡Qué raro (que)...!*
Tristeza y desagrado	*Decepción y enfado*
Me entristece (que)	*Me decepciona (que)*
Lamento (que)	*Me enfada (que)*
Me molesta (que)	*Me indigna (que)* + *Infinitivo, sustantivo o Subjuntivo*
No soporto (que)	*Me pone de mal humor (que)*

2. La ola mortal

a. LEE y analiza la siguiente columna de opinión:

EL PAIS

Paraísos, por Maruja Torres

Un italiano, sano y salvo, expresó a la RAI su gratitud a los tailandeses, "porque, siendo tan pobres, se quitaban la ropa para abrigarnos a los extranjeros". La actual tragedia del sureste asiático ilumina con crudeza la paradoja de nuestro mundo actual. Turistas occidentales, a miles, arrastrados por el mismo mar que acaba con las vidas, muchísimas más, de los nativos, de por sí privados, no ya de hacer turismo, sino muchas veces de lo indispensable. Hijos de los diferentes imperios europeos del ayer, los países afectados no han dejado de depender de Occidente, como lo demuestra el hecho de que las sensibles bolsas de Europa y Estados Unidos se desmoronaran de inmediato, con tanta facilidad como los hoteles y las chozas, como consecuencia del maremoto. Pero Occidente no debe agobiarse por pérdidas en el negocio, ni tampoco los capitostes locales, entregados al comercio injusto y a la exportación de los bienes nacionales; a los beneficios que proporciona la manufactura realizada con mano de obra barata. La catástrofe sólo supone un gran golpe turístico para Maldivas, y para Sri Lanka, cuyo turismo sostenía casi una cuarta parte de su PIB, tras el decaimiento causado por la guerra en la década de los 80, y beneficiada ahora por el miedo al terrorismo que ha puesto a Bali en la lista negra.

En cuanto al resto: regímenes corruptos, dictatoriales o autoritarios, sangrantes índices de pobreza, de nivel educativo, de esperanza de vida. ¿Qué son 60.000 vidas, o el doble, cuando hay tanta hambre, tanto esclavo dispuesto a atarse a un telar por una taza de arroz? La superpoblación garantiza que el producto llegue en regla. De hecho, durante lo peor del maremoto, ni de Indonesia ni de Malasia dejaron de salir contenedores cargados con los bienes que ahora mismo podemos adquirir para celebrar los Reyes. Desde luego que hay paraísos, y no precisamente para quienes estaban tumbados al sol, gozando de unas inocentes vacaciones, ni para quienes les atendían, felices de ganarse un dinero cultivando la hospitalidad. Hay paraísos económicos, en los que habitan tremendos depredadores sin rostro y sin conciencia. La ola mortal colgó la realidad de nuestro árbol navideño.

Maruja Torres. *Paraísos.* El País - 30 de diciembre de 2004.

b. ¿Cuál es el tema del texto?

c. ¿Qué recursos y procedimientos emplea la autora para expresar su opinión? INDICA otros ejemplos del uso de estos recursos.

- Afirmaciones o aseveraciones: las primeras líneas.
- Ironías: *Pero Occidente no debe agobiarse por pérdidas en el negocio.*
- Metáforas: *Depredadores sin rostro.*
- Interrogaciones retóricas: no esperan respuesta, sólo dan énfasis: *¿Qué son 60.000 vidas?*

d. OBSERVA los marcadores discursivos empleados por la autora del texto:

Marcador discursivo	Función
Pero Occidente	Contraste
En cuanto al resto	Referencia temática
De hecho	Confirmación
Desde luego	Conclusión y cierre

e. SEÑALA cuáles son las opiniones personales de la autora sobre el tema del texto.

3. Redacta un artículo de opinión

El texto tiene que ser breve (unas 200 a 250 palabras) y redactado de forma ágil (puede ser en un párrafo único o en varios párrafos).

a. BUSCA el tema: asunto de actualidad.

Lee periódicos españoles y extranjeros y selecciona cuestiones de actualidad. Elige un tema muy concreto y particular. Puede ser una anécdota, un suceso grave, una noticia escandalosa o graciosa...

b. REFLEXIONA sobre tu propia opinión.

Busca argumentos. Discute con tu compañero diferentes puntos de vista sobre la cuestión para que se te ocurran ideas. Lee comentarios que hayan hecho en la prensa escrita o digital otras personas para contrastarlos con tus propias ideas. Establece una relación entre el tema y otras cuestiones.

c. PIENSA cómo expresar tus propios argumentos e ideas (ironía, afirmaciones, etc.)

Elige qué tono vas a utilizar para redactar el artículo.
Fíjate en el de Maruja Torres y en otros artículos de opinión para ver cómo los autores tratan de llamar la atención del lector y marcar su punto de vista personal.

d. ESTRUCTURA tu texto utilizando conectores del discurso.

Si redactas un párrafo único, utiliza marcadores discursivos que ordenen el texto.
Si divides el texto en varios párrafos, inicia cada uno de ellos o las oraciones con algún marcador discursivo.

España es...
prensa

1. ¿Te gusta leer el periódico?

Antes de visionar

- ¿Lees habitualmente la prensa de tu país? ¿Y la prensa española?
- ¿Qué diferencia hay entre un periódico y una revista?
- ¿Qué papel piensas que desempeña la prensa en la creación de opinión?

2. En el quiosco

¿Qué SIGNIFICAN las siguientes palabras y expresiones que van a aparecer en el vídeo?

a. De cara al público
  1. atienden directamente a la gente ☐   2. trabajan para su público ☐

b. A la venta
  1. vendido ☐   2. se vende ☐

c. Fascículos
  1. cuadernos coleccionables ☐   2. periódicos antiguos ☐

d. Limitarse a
  1. marcarse un límite ☐   2. no hacer otra cosa ☐

e. Tirada
  1. los ejemplares que se tiran ☐   2. los ejemplares que se imprimen ☐

f. Diario
  1. diariamente ☐   2. periódicos que salen todos los días ☐

3. Usos y costumbres

a. ¿Qué periódicos COMPRA más la gente de esta zona?

El País ☐

El Mundo ☐
La Vanguardia ☐

ABC ☐

La Razón ☐

b. **El quiosquero dice que las revistas que más se venden son las revistas del corazón.**

¿Conoces alguna revista de este tipo ? ¿De qué y de quién habla? ¿Cuáles son sus características? Según el quiosquero, ¿cuáles son los títulos más vendidos?

c. **¿Qué responde el vendedor de periódicos sobre los gustos de los jóvenes?**

No responde nada ☐
Responde otra cosa ☐

d. **¿La prensa deportiva se vende mucho? ¿Quién suele comprarla?**

e. **Según el quiosquero, ¿cuáles son las revistas que gustan a las mujeres? Da algún título.**

f. **En el quiosco se vende**

a. Todo   ☐

b. De todo ☐

Da ejemplos.

g. **¿Para qué necesita más sitio el vendedor de periódicos?**

h. **¿Cuál es su horario de trabajo?**

i. **¿Qué último consejo da la periodista?**

.... a diario.

4. ¿Periódico o revista?

- ¿Te gusta leer el periódico? ¿Por qué? ¿Qué tipo de información te interesa más? Desde tu punto de vista, ¿existen periódicos más serios que otros? Da ejemplos y justifica tu respuesta.
- En España las revistas del corazón (prensa rosa) tienen mucha importancia. Algunas personas que aparecen en estas revistas se quejan de no tener vida privada y de ser perseguidas por los periodistas. ¿Te parecen justificadas estas quejas? ¿Por qué? ¿Existen este tipo de revistas en tu país? ¿Tienen un papel importante? Da ejemplos.
- El fenómeno de los periódicos gratuitos es relativamente reciente. Se distribuyen en España y en otros muchos países.
  ¿Conoces alguno? ¿Te parecen interesantes? ¿Cómo crees que pueden mantenerse económicamente? ¿Existen en tu país?

Entrega del Oscar a Alejandro Amenábar. 2005

Unidad 10
De película

o b j e t i v o s

■ **Competencias pragmáticas:**

• Comentar películas.
• Expresar gustos cinematográficos.
• Contar una película.
• Sugerir y aconsejar.

■ **Competencias lingüísticas:**

Competencia gramatical
• Preposiciones: *A / Para / Por*.
• Las oraciones modales.

Competencia léxica
• Géneros cinematográficos.
• Las emociones.

■ **Conocimiento sociocultural:**

• El cine español e hispanoamericano.

Recursos y tareas

■ Comprender una crítica de cine.

■ Comprender una entrevista.
• Hablar de comedias.

■ Taller de escritura:
• Redactar una reseña cinematográfica.

■ Tertulia:
• Expresar la opinión sobre diferentes tipos de cine.

Mar adentro

En la película *Mar adentro*, Javier Bardem encarna a un personaje auténtico, Ramón Sampedro, que quedó tetrapléjico por un accidente a los veintiséis años y se pasó la mayor parte de su vida reclamando para sí mismo el derecho a la eutanasia.

Un torrente de emociones de la mano de Amenábar y un portentoso Bardem. Una cinta hermosa, admirable en su puesta en escena y, en última instancia, inolvidable.

El director de *Tesis* y de *Los otros* se aleja en las apariencias de su filmografía anterior, pero conserva su interés por los temas relacionados con los límites entre la vida y la muerte, entre la ensoñación y la vigilia, y mantiene también su concepción cinematográfica basada en la elaboración de una dramaturgia compleja y en la transparencia expresiva de su puesta en escena y logra con evidente esfuerzo, pero mayor facilidad y dominio de los recursos cinematográficos, una hermosa película, otra obra maestra que sorprende por múltiples razones.

Si Amenábar es un realizador prodigioso, su habilidad de guionista -tarea que comparte una vez más con Mateo Gil- no es menor. Sería injusto decir que *Mar adentro* es tan buena porque se apoya en un guión solidísimo, puesto que la planificación y la dirección de actores, el *timing* de su relato visual, el ritmo del montaje, son tan brillantes que la película destaca en una primera impresión por su realización. Pero lo cierto es que el guión reúne tal cantidad de aciertos que en una reflexión más profunda se da uno cuenta de hasta qué punto está bien armado el mecano narrativo. Amenábar ha sembrado de piedras amenazantes su camino y las ha salvado todas. En primer lugar ha huido del ternurismo y del panfleto propagandístico, ha rodeado con astucia las líneas del melodrama recurriendo al humor realista que le sugerían personajes y situaciones y ha creado un microcosmos -el mundo que rodea a ese hombre inmovilizado en su cama- concediendo a cada una de las personas que lo componen un peso dramático similar al del protagonista, sin restar a éste la batuta de esa orquesta de dolores diversos, de puntos de vista propios tanto sobre el drama de Sampedro como de sus respectivos conflictos.

La película está medida al segundo, sus giros aparecen en el momento en que el espectador los reclama inconscientemente, las sensaciones se producen con extraordinaria puntualidad. Reímos, lloramos, nos enternecemos al ritmo que marca el autor, él mismo en las tareas de la música y el montaje, y con sus actores. Y esto merece capítulo aparte, porque en *Mar adentro* hay un trabajo de casting verdaderamente original y de soberbios resultados. Javier Bardem realiza una de esas composiciones magistrales a las que ya nos tiene acostumbrados y consigue la difícil sensación de que personaje y actor no son más que uno. Belén Rueda, una buena comediante de la televisión, encuentra su mejor registro y triunfa en toda la línea. Lo mismo ocurre con Lola Dueñas, que se inventa un personaje nuevo y lo hilvana con humor, ironía y ternura. Pero lo realmente chocante es lo que hacen Mabel Rivera, Celso Bugallo, Tamar Novas y Clara Segura, rostros menos conocidos y actores fantásticos. Como Garrido, Pou o Dalmau.

Texto adaptado, Fernando Méndez-Leite, *Planeta Ocio S.L.*, 2004.

1. Una película medida al segundo

a. LEE el texto y RELACIONA estas palabras con su significado.

a. Ensoñación
b. Vigilia
c. Panfleto
d. Propagandístico
e. Prodigioso
f. Batuta
g. Hilvanar
h. Acierto

f-1. Bastón corto con el que el director de una orquesta dirige.
g-2. (Fig.) Enlazar o coordinar ideas, frases o palabras.
b-3. Acción de estar despierto o en vela.
a-4. Acción de abstraerse en sueños.
h-5. Buena elección.
d-6. (Adj.) Que da a conocer algo para atraer adeptos.
c-7. Escrito breve en el que se ataca con violencia a alguien o algo.
e-8. Maravilloso, extraordinario.   *Portentoso*

b. SUBRAYA en el texto los sinónimos de estas palabras.

a. Asombroso   b. Película   c. Quitar   d. Cambio   e. Emocionarse   f. Sublime — *soberbia*
Portentoso   *cinta*   *restar*   *giros*   *enternecerse*

c. ELIGE cuál es el sentido de las siguientes expresiones.

a. *En última instancia.*
   1. A la última. ☐
   2. Como último recurso. ☑

b. *Y esto merece capítulo aparte.*
   1. Se dedicará otro capítulo a hablar de los actores. ☐
   2. Los actores son tan buenos que merecen una mención especial. ☑

d. ENCUENTRA una metáfora relacionada con:

a. Los obstáculos que cada cual encuentra en su camino.
b. El mundo de la música.

JAVIER BARDEM
MAR ADENTRO
una película de
ALEJANDRO AMENÁBAR

2. Un torrente de emociones

a. LEE de nuevo el texto y RESPONDE a las preguntas.

a. Después de leer esta reseña cinematográfica, ¿qué valoración darías a esta película?
   1. Obra maestra. ☐   3. Se puede ver. ☐
   2. Buena. ☐   4. Mala. ☐
b. Busca todas las palabras relacionadas con la elaboración de una película.
   Ejemplo: realización. ¿Cuántos de estos trabajos hace el mismo director Alejandro Amenábar?
c. Subraya todos los adjetivos que se utilizan para definir esta película.
d. ¿Crees que existe la palabra *ternurismo*? ¿Qué puede significar?
e. ¿Qué dice el crítico Méndez-Leite del guión de la película?

b. BUSCA todas las palabras del texto relacionadas con las emociones.
¿Qué dos adjetivos utilizarías para resumir esta película? Justifica tu respuesta.

Punto◉ de vista

a. ¿Has visto esta película u otra española o hispanoamericana que tenga fama internacional? ¿Conoces algún director/a de cine español? ¿A cuántos actores y actrices españoles o hispanoamericanos puedes nombrar?
b. Piensa en una película que haya sido muy conocida y coméntala. Puedes hablar de su director, de sus actores, de la época en la que transcurre, de dónde se rodó, del presupuesto que tuvo, si tiene banda sonora, efectos especiales, buen guión, final feliz y si se la recomendarías a tus amigos.

1. El salto a Hollywood

LEE el texto y RESPONDE a las preguntas.

Después de convertirse en una de las actrices más populares del cine español gracias a éxitos como *Carmen*, *Hable con ella*, etc., la sevillana Paz Vega se ha decidido a dar el salto a Hollywood. La actriz ha rodado en Los Ángeles la película *Spanglish*, una comedia romántica en la que comparte protagonismo con Adam Sandler y Tea Leoni.

Spanglish cuenta la historia de Flor, una joven mexicana que decide emigrar a Estados Unidos junto a su hija de doce años. En Los Ángeles, Flor consigue trabajo en el servicio doméstico de una familia adinerada, formada por John y Deborah Clasky, sus dos hijos y la madre de ella. Pronto comienzan los malentendidos y los problemas de comunicación, dado que Flor apenas chapurrea algunas palabras de inglés y la mayor parte del tiempo tiene que usar a su hija como intérprete.

La película supone el regreso a la dirección del veterano James L. Brooks tras el éxito en 1997 de la comedia romántica *Mejor imposible*. *Spanglish* pretende atraer a las salas de cine a los más de 35 millones de hispanos que viven en Estados Unidos, y que se están convirtiendo en un público cada vez más importante para Hollywood.

¿Sabes lo que es el "spanglish"? ¿Dónde y quién lo habla principalmente? ¿Puedes dar algún ejemplo?

2. Ni papa de inglés

a. **DIVIDE las palabras en dos columnas según sean adjetivos o nombres.**

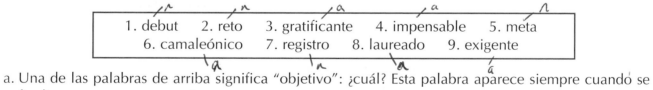

1. debut   2. reto   3. gratificante   4. impensable   5. meta
6. camaleónico   7. registro   8. laureado   9. exigente

a. Una de las palabras de arriba significa "objetivo": ¿cuál? Esta palabra aparece siempre cuando se finaliza una carrera, maratón, etc.

b. ¿Qué adjetivos tienen connotaciones positivas? Escribe una frase usando alguno de estos adjetivos, de forma que se aprecie claramente su significado.

c. Relaciona algunas de estas palabras con su significado.

a. Debut
b. Reto
c. Registro
d. Laureado

1. Que ha recibido premios.
2. Presentación o primera actuación en público.
3. Acto de afrontar un desafío o cosa difícil con valentía.
4. Capacidad para expresar sentimientos diferentes.

b. BUSCA el sentido de estas palabras o expresiones:

a. *"Poner todo el empeño en"*:
1. dejar todas tus cosas en la tienda de empeños ☐
2. desear con fuerza hacer o conseguir una cosa ☐

b. *¿Tenías planeado aterrizar en Hollywood de esta manera?*:
1. llegar en avión a Hollywood ☐
2. irrumpir en Hollywood así ☐

c. *"No hablar ni papa de inglés"*:
1. desconocimiento total del idioma ☐
2. desconocimiento del vocablo *papá* en ese idioma ☐

d. *Captar el espíritu de "esas personas"*:
1. entenderlas de verdad ☐
2. imitar sus acciones ☐

3. Habla Paz Vega

ESCUCHA la entrevista y CONTESTA.

a. MARCA las preguntas que le hace el entrevistador a la actriz Paz Vega.

a. ¿Cómo fueron sus comienzos en el cine europeo?
b. ¿Qué película la lanzó a la fama en España?
c. ¿Tenía planeado llegar a Hollywood de esta manera?
d. ¿Tuvo que estudiar mucho para interpretar el papel de Carmen en dicha película?
e. En *Spanglish* no hace de chica guapa y atractiva como en sus otras películas, ¿le resultó más difícil?
f. ¿Es más fácil trabajar con directores norteamericanos o españoles?
g. ¿Qué le ha enseñado este director?

b. CORRIGE las frases en función de las respuestas de Paz Vega.

a. A Paz Vega todo le resultó muy fácil desde el principio.
b. El inglés no supuso ningún problema y ya lo domina a la perfección.
c. Su sueño siempre había sido trabajar en Hollywood, por eso se fue a vivir allí.
d. Supo desde niña que algún día trabajaría con directores de cine famosos.
e. No se parece en nada al personaje que interpreta ni se tuvo que abrir camino en una tierra extraña.
f. Los papeles de cine son muy parecidos unos a otros.
g. El director James L. Brooks es una persona muy tolerante y te deja trabajar a tu aire.

4. ¿Te gustan las comedias?

En parejas

¿Te acuerdas de alguna comedia que te hiciera mucha gracia? Explica por qué.
¿Recuerdas alguna película en la que la gracia resida en la falta de entendimiento verbal, malentendido o incomunicación? Piensa en una y tu compañero formula preguntas.

Ejemplo: -*¿Cuál es tu película cómica preferida?*
                - *Pues, "Días de futbol" / "Con faldas y a lo loco", etc.*
                - *¿De qué trata?, ¿qué actores salen?, ¿quién la dirigió?, ¿cuáles son los momentos cómicos mas graciosos?, ¿qué escenas recuerdas mejor?, etc.*

Después intercambiáis los papeles.

Lengua

 PREPOSICIONES *A, PARA* y *POR.*

A

- Se usa delante del complemento indirecto: *Envía estas flores a la jefa de realización.*
- Se usa delante del complemento directo de persona: *¿Has visto al director de la película?*
- Se utiliza con un verbo de movimiento, expresa el destino: *...personas que se van a otro país...*
- Expresa un matiz de finalidad con ciertos verbos cuando el complemento es un Infinitivo: *...personas que se van a otro país a triunfar o a conseguir un futuro mejor.*
- Indica lugar o situación: *El cine está a la izquierda del centro comercial.*
- Indica precio: *Está a cinco euros el kilo.*
- Indica distancia: *Mi pueblo está a 4 km de Sevilla.*
- Indica tiempo: *Se despierta a las siete de la mañana.*
- Indica el instrumento con el que se hace algo: *Este jersey está hecho a mano.*
- Indica costumbre o usanza: *Saludarse a la española.*
- Indica el modo de hacer algo comparándolo: *a lo loco, a oscuras, a regañadientes, a tientas. De hecho, hice la prueba un tanto a lo loco.*

---

1 **Completa las frases con la preposición *A* si hace falta.**

a. Henry se fue .... Uruguay .... aprender español.

b. Mi madre escucha .... la radio todas las mañanas.

c. Mis hijos se van .... la cama .... las diez de la noche.

d. ¿Conoces .... algún país de Centroamérica?

e. La farmacia queda .... mano derecha.

f. En verano, me gusta .... dormir la siesta .... oscuras. No soporto la luz.

g. ¿Conoces .... mi compañera de piso?

h. Santurce está .... unos kilómetros de Bilbao.

PARA

- Indica movimiento. Equivale a *con dirección a*: *Salgo para Salamanca ahora mismo.*
- Indica tiempo o plazo determinado: *La película se estrenará para Navidad.*
- Indica finalidad, uso y destino de una acción: *Trabajo para mantener a mi familia.*
- Especifica el destinatario: *Este regalo es para ti.*
- Expresa un punto de vista, una opinión: *Para mí, era impensable poder trabajar con este director tan famoso.*
- Expresa contraposición. Equivale a *a pesar de*: *Es muy maduro para su edad.*

POR

- Indica movimiento, tránsito por un lugar: *A Pablo le gusta pasear por el campo.*
- Indica tiempo impreciso: *Llegará por la tarde.*
- Indica causa, motivo o razón: *Otra obra maestra que sorprende por múltiples razones.*
- Expresa sentimientos, (*en defensa de, en honor de*): *Lo hizo por ti.*
- Expresa una implicación personal: *Por mí, no hay problema.* ← *regative*
- Indica medio o instrumento: *Suele llamar por teléfono.*
- Indica precio: *Este coche se vendió por seis mil euros.*
- Se usa para identificar al agente en las oraciones pasivas: *Ha sido la película más alabada por el público.*

---

2 COMPLETA las frases con *PARA* o *POR*.

a. El jefe quiere el informe ...*para*...... mañana.
b. Mándame el contrato ....*por*... fax o correo electrónico.
c. Les gusta mucho callejear ....*por*....... la ciudad y ver escaparates.
d. Isabel está estudiando muchísimo ....*para*..... aprobar todas las asignaturas en junio.
e. ..*Para*..... mí, fue un honor que me eligieran ..*para* ese papel.
f. Todo el elenco sale ...*para*.... Valladolid en este mismo momento.
g. Íñigo ha vendido su casa ....*por*...... tres cientos mil euros.
h. Su actuación fue muy aclamada ...*por*....... los espectadores.

3 COMPLETA las frases con la preposición más adecuada (*A, PARA, POR*).

a. Si me llamas ..*POR*... teléfono, hazlo a partir de las ocho, que es cuando estoy en casa.
b. Este tejido es muy delicado. Hay que lavarlo ..*por a*... mano.
c. Estamos todos muy cansados. Es mejor que dejemos este tema ..*para*..... mañana.
d. ¿Has visto ..*a*..... tus compañeros de la facultad últimamente?
e. El secretario del centro reunió ....*a*...... los profesores .*para*...... hablarles de la situación tan pre-caria del colegio.
f. Cambio novelas en alemán que ya he leído ...*por*........ libros en español.
g. *Por*... lo barato que es, este coche está muy bien.
h. Monique lleva veinte años aquí, pero aún sigue cocinando ....*a*........ la francesa.
i. ¿Tienes alguna película de vídeo dirigida .*por*....... la directora Isabel Coixet? ?
j. ¿Habéis mandado ya ....*a*.... alguien las invitaciones de vuestra boda?

 LAS ORACIONES MODALES   ⌒HOW   Cómo   WHEN DO SOMETHING.
work in same way.

- Como, conforme, según + Indicativo se utiliza cuando se refiere al presente o al pasado.
  Voy a cocinar las setas como te gustan (sé cómo te gustan).
                    + Subjuntivo se utiliza cuando tiene valor de futuro.
  Cocinaré las setas como te gusten (no sé cómo te gustan).
- Cual, igual que + Indicativo permite constatar un hecho.
  Yo llegué a este país sin hablar el idioma, igual que lo que le ocurre a Flor.
- De modo / manera que + Subjuntivo expresa el modo con una consecuencia intencionada.
  Hay que hacerlo de modo que salga bien.
- Sin + Infinitivo. El sujeto de las dos proposiciones es el mismo.
  He tenido suerte de poder participar en esta película sin hablar bien el inglés.
- Sin que + Subjuntivo. El sujeto de las dos proposiciones es diferente.
  Corrígele sin que se note.

 ELIGE el verbo en la forma correcta: Infinitivo, Indicativo o Subjuntivo.

a. A mí me da igual, que lo haga como *querer / quiere / quiera.* — not done it.
b. Sigue todo según *estar / estaba / estuviera.* — everything just like before
c. ¡Fíjate qué mal educada, entró sin *llamar / llama / llame* a la puerta!
d. Date prisa y vete sin que *verte / te ven / te vean.*
e. Añade estos ingredientes de manera que la mezcla *quedar / queda / quede* homogénea.
f. Hazlo como te lo *haber enseñado / han enseñado / hayan enseñado.*

Taller *de escritura*

Redactar críticas de cine

1. ¿Lees las reseñas?

- ¿Lees normalmente las reseñas de las películas antes de decidir cuál ver?
- ¿Suele coincidir tu gusto con las críticas?
- ¿Cuál es la finalidad principal de una reseña?:
  - a. entretener o divertir al lector.
  - b. describir la trama de la película y dar información sobre los actores y el director.
  - c. dar la opinión del crítico de cine sobre la película.

2. Luna de Avellaneda

RELACIONA los diferentes párrafos que forman la crítica de la película argentina *Luna de Avellaneda* (a–f) con los títulos correspondientes (1–6).

a
Nombre original: LUNA DE AVELLANEDA
Año: 2004
Duración: 146 MINUTOS
Director: JUAN JOSÉ CAMPANELLA
Guionista: JUAN JOSÉ CAMPANELLA / FERNANDO CASTETS
Actores: RICARDO DARÍN, EDUARDO BLANCO, MERCEDES MORÁN, VALERIA BERTUCCELLI, JOSÉ LUIS LÓPEZ VÁZQUEZ

Valoración crítica 1

b
Llega a nuestras pantallas el nuevo alumbramiento de Juan José Campanella tras arrasar internacionalmente con *El hijo de la novia*. Sin ese fulgurante éxito, los distribuidores no nos habrían dado la oportunidad de disfrutar de otro gran trabajo del tándem Darín-Campanella en *El mismo amor, la misma lluvia*, rodado años antes y al que se le dio una proyección más silenciosa, pero que obtuvo un mayor calado en la crítica.

Breve resumen del argumento (sinopsis). 2

c
El cine del director argentino muestra cómo se desenvuelven los personajes, unos héroes comunes y corrientes que forman parte de un conflicto en el que el espectador se siente plenamente identificado.
Los actores: el flamante Ricardo Darín a la cabeza (premio al mejor actor en el pasado Festival de Valladolid) acompañado de Eduardo Blanco, de la brillante Valeria Bertuccelli y de un felizmente recuperado José Luis López Vázquez. La cinta acaba siendo de lo más complaciente con el espectador: todo funciona a la perfección a la hora de buscar la sensibilidad del respetable.

Información sobre el director y sus películas anteriores. 3

d
Concebida como una trilogía no buscada, en palabras del cineasta, *El mismo amor, la misma lluvia* trataba sobre el individuo, *El hijo de la novia* se centraba más en la familia y con *Luna de Avellaneda* se sumerge en la comunidad sumida en una crisis de identidad en la que muchos ven un fiel reflejo de la sociedad argentina.

Descripción de los personajes y del reparto. 4

Parte de una trilogía. 5

e
Su título da nombre a un pequeño club que entra en crisis por falta de pago y al que quieren convertir en un casino. Algunos miembros del barrio no están de acuerdo y desafiarán al gran capital en un intento de salvar su dignidad y sus recuerdos.

Ficha técnica. 6

f
Más allá de paralelismos consigue lo que se propone y complace al espectador en todo lo que pide, esto es, buena labor de todo el elenco, funcional amalgama de risas y llanto y demás constantes en el cine de Campanella.
LO MEJOR: -La naturalidad de la interpretación argentina.
-Su falta de pretensiones.
LO PEOR: -El exceso de edulcorante en algunas escenas.

3. Fulgurante éxito

a. Una característica de la crítica es el uso de adjetivos muy enfáticos o exagerados. LEE otra vez la reseña y BUSCA ejemplos de adjetivos de este tipo o expresiones que indican gran admiración.

b. CAMBIA los adjetivos del siguiente texto para que sean más enfáticos. Usa los del recuadro que te parezcan más adecuados.

> 1. enorme   2. minúscula   3. inmejorable   4. brillante   5. magnífico   6. trepidante

> *El largometraje* Crimen Ferpecto *ha tenido una buena acogida por parte del público. La adecuada dirección de Álex de la Iglesia se ve acompañada por el apropiado trabajo de Guillermo Toledo en una animada comedia negra de Álex de la Iglesia a la que auguramos un gran éxito.*

4. Resumen

En grupos. ESCRIBE una breve descripción de la trama de una película muy conocida y, más o menos, reciente.

Recuerda que se trata de resumir, no de narrar toda la historia (sobre todo ¡no cuentes el final!). No incluyas nombres ni demasiadas pistas y no digas el título de la película. Cuando todos los grupos terminan, leen en alto lo que han escrito y los demás deben intentar adivinar de qué película se trata.

5. Redacta una crítica de cine

Ahora ESCRIBE la reseña completa de una película o una serie de televisión que te haya gustado.

Sigue el esquema de la reseña incluida en esta sección.

En la valoración crítica, puedes incorporar estas sugerencias.

• Explica si se trata de una obra original o si está "muy vista ya". Explica por qué.

• Describe qué pretendía el director y si, en tu opinión, lo ha conseguido.

• Di si el trabajo de los actores te ha parecido "convincente". Destaca el trabajo de alguno de ellos.

• Haz comentarios sobre algún aspecto técnico: sonido (música original), iluminación, efectos especiales, etc.

© La mala educación D.A.S.L.U.

1. ¿Te gusta el cine?

a. En grupos. Cada grupo se pone de acuerdo, ELIGE la cita que más le gusta y la COMENTA con los otros.

> *"El cine es una fábrica de sueños."*
> *Georges Meliés*
> *(director, pionero en el cine)*

> "El cine... ese invento del demonio."
> Antonio Machado (poeta)

> **"Un actor es una persona que no te escucha a menos que estés hablando de él."**
> **Marlon Brando (actor)**

> "Los Oscar son como un test de popularidad... cuando es tu turno, los ganas."
> Woody Allen (actor y director)

> "Hoy soy una estrella, ¿mañana qué seré?, ¿un agujero negro?"
> Woody Allen (actor y director)

> "Antes de morirme me gustaría hacer una película en la que pudiera decir: ¡A ver, esos cien mil extras que se echen más a la derecha!"
> Juan Antonio Bardem (director de cine)

b. CONTESTA a las preguntas.

a. ¿Qué género cinematográfico prefieres?: las comedias, el cine de evasión, las películas románticas, las de vaqueros, las de miedo, las de suspense, etc.
b. ¿Qué debe tener una película para tener éxito? Razona tu respuesta.
c. ¿Crees que la calidad de una película tiene relación con el éxito de taquilla? Da ejemplos.
d. ¿Qué opinión te merecen los grandes premios de cine, como los Oscar en Estados Unidos, los Goya en España, los César en Francia, los Osos de Berlín, etc.?
e. Haz una valoración de las últimas películas que has visto y pregunta a varios compañeros su opinión.

	Excelente***	Buena**	Regular*	Mala
Título:				
Género:				
Nacionalidad:				
Reparto:				

2. ¿Novela o película?

Muy a menudo se hacen películas basadas en novelas de éxito. ¿Cuál prefieres de las dos y por qué? Da ejemplos de tu elección. Puedes utilizar las frases del cuadro.

Ejemplos de novelas llevadas al cine:

Crónica de una muerte anunciada
La casa de los espíritus
Don Quijote de la Mancha
El Club Dumas
Cyrano de Bergerac
El señor de los anillos

- Si he de ser sincero...
- La verdad es que...
- El motivo / la causa principal por el / la que...
- No tiene ni punto de comparación...
- Puestos a elegir, yo me quedo con... porque...

Tertulia

Superproducciones o cine independiente

Se forman grupos. Cada grupo elige uno de estos dos temas:

1. Superproducciones o cine independiente.
2. Cine norteamericano, cine hispanoamericano o cine europeo.

a. Cada grupo hace dos o tres columnas con las características de cada tipo de cine. Después, da un ejemplo representativo de cada uno de ellos y explica cuál prefiere. Tiene que justificar sus respuestas.
Ejemplos:

- SUPERPRODUCCIONES
  Demasiado comercial

- CINE INDEPENDIENTE
  Libertad de tema

. . . .

- CINE NORTEAMERICANO
  Buenos y malos

- CINE HISPANOAMERICANO
  Realismo mágico

- CINE EUROPEO
  Intimismo

. . . .

b. Dentro del tipo de cine que cada grupo prefiere, el portavoz elige una o varias películas en concreto y anima a sus compañeros a ir a verlas.

- - - - - - **INTERVENIR** ─ ─ ─ ─ ─ ─ **EN LA TERTULIA** - - - - - -

Pedir y dar consejos, sugerencias y recomendaciones.

- Con Subjuntivo: aconsejar, sugerir, rogar, mandar, prohibir...
Te sugiero que veas las películas del director argentino Adolfo Aristarain, porque son muy emotivas.
- Yo en tu lugar, yo que tú + Condicional: *Yo que tú no me perdería la de* La niña santa.

Barra con surtido de tapas.
España.

Unidad 11
La buena mesa

O b j e t i v o s

■ **Competencias pragmáticas:**

• **Hablar de cocina.**
• **Expresar gustos.**
• **Contar eventos del pasado.**
• **Narrar una anécdota.**
• **Transmitir lo dicho por otra persona.**

■ **Competencias lingüísticas:**

Competencia gramatical
• **Estilo indirecto.**
• **Tiempos del pasado.**

Competencia léxica
• **Comida.**
• **Restauración.**

■ **Conocimiento sociocultural:**

• **Grandes cocineros españoles.**
• **El tapeo.**

Recursos y tareas

■ **Comprender una entrevista:**
• **Expresar sus gustos sobre la comida.**

■ **Comprender un texto literario.**

■ **Taller de escritura.**
• **Redactar textos narrativos.**

■ **Vídeo.**
• **Descubrir una realidad sociocultural: las tapas.**

Comprensión auditiva

1. ¿Te gusta comer?

a. Antes de escuchar.

- ¿Qué opinas sobre la comida rápida?
- ¿Sales con frecuencia a cenar a restaurantes?
- ¿Te interesan las cocinas étnicas o innovadoras?
- ¿Qué opinas de la nueva cocina? ¿Y de la alta cocina?
- ¿Es la gastronomía un arte? ¿Por qué?

b. ¿Qué SIGNIFICAN estas palabras que aparecen en la audición?

a. Lo contrario de "humildad":
   1. soberbia ☐   2. humillación ☐   3. indiferencia ☐

b. "Dormirse en los laureles":
   1. alcanzar la fama y no hacer nada ☐   2. dormir profundamente ☐   3. olvidarse de todo ☐

c. "Romper los moldes":
   1. innovar ☐   2. destruir ☐   3. adaptarse ☐

d. "Vanguardia":
   1. lo que va por delante ☐   2. lo que va por detrás ☐   3. lo que protege ☐

e. "Fogón":
   1. cocina ☐   2. cocinero ☐   3. horno ☐

f. "Regular" se refiere a algo que hacemos:
   1. habitualmente ☐   2. no muy bien ☐   3. según las reglas ☐

g. "Sublimación":
   1. idealización ☐   2. superación ☐   3. aceptación ☐

h. "Notable":
   1. mala nota ☐   2. muy buena nota ☐   3. excelente nota ☐

i. "Sobresaliente":
   1. mala nota ☐   2. muy buena nota ☐   3. excelente nota ☐

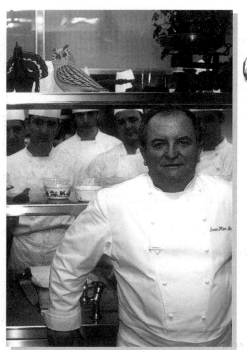

2. Habla Juan María Arzak

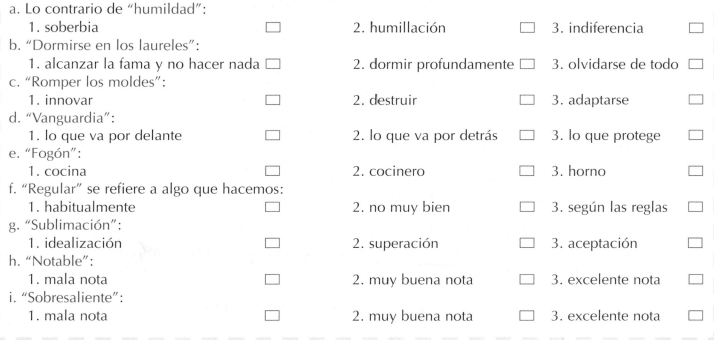

ESCUCHA y CONTESTA a las preguntas.

a. ¿Qué recomienda Arzak a los nuevos cocineros que quieren llegar a 5 estrellas?

b. ¿Qué les sugiere o aconseja que no hagan?

c. ¿Por qué España está a la vanguardia gastronómica del mundo?

d. ¿Cómo se llama el famoso cocinero que menciona?
   1. Karlos Arguiñano ☐
   2. Ferrán Adrià ☐
   3. Abraham García ☐

e. ¿Cuántos años lleva cocinando Juan María Arzak?

f. ¿Le salen todos los platos bien?

g. ¿Qué plato considera Arzak muy difícil de hacer bien?

h. ¿Qué es lo que falla en la cocina rápida?

i. ¿Por qué la alta cocina es superior?

j. ¿Por qué las máquinas no pueden hacer una cocina muy buena?

3. Tu plato preferido

a. LEE este cuestionario formulado al conocido cocinero Martín Berasategui.
CONTESTA a las mismas preguntas expresando tus propios gustos.

Hoy el famoso cocinero
Martín Berasategui contesta
a estas preguntas rápidas.

Una especia: *la cayena*
Una técnica artística: *la escultura*
Un condimento: *la sal*
Un cantante: *La Oreja de Van Gogh*
Una hortaliza: *el puerro*
Una ciudad: *San Sebastián*
Una carne: *La de vaca*
Un actor: *Antonio Banderas*
Una actriz: *Victoria Abril*
Un pescado: *la merluza*
Un hombre admirado: *Hilario Arbelaiz*
Una mujer admirada: *Oneka (mi mujer)*
Aceite de oliva o girasol: *oliva*
Pescado blanco o azul: *los dos*
Cuando cocinas, ¿en quién piensas, en los clientes
o en los cocineros?: *siempre quiero que sea un festival
para mi cliente*
La mejor cocina regional: *la cocina vasca*
Platos regionales preferidos: *cocochas de merluza*
Qué comida festiva te gusta: *la que se elija en
San Sebastián*

b. En parejas, CUÉNTASELO a tu compañero justificando tus respuestas.

Ejemplo: *Me encanta el cordero porque me parece muy sabroso.*
Prefiero la cocina francesa porque es muy variada.

4. Vamos a cenar

a. En grupos: vas a cenar con unos amigos y
hay que ELEGIR un restaurante. Se hacen
propuestas y todo el mundo opina. Usa
palabras y expresiones del recuadro:

Ejemplo:
- *Podríamos ir a un restaurante japonés, es una
cocina muy sana y exquisita.*
- *Yo nunca la he probado, pero tengo curiosidad.*

b. INTERCAMBIA con tu compañero experiencias, opiniones y preferencias sobre menús.

Nueva cocina	Delicioso	Apetecer
Cocina de fusión	Innovador	Probar
Alta cocina	Sano	Interesar
Cocina tradicional	Aburrido	Cocinar
Cocina casera	Exquisito	Experimentar

- ¿Qué menús prefieres y por qué?
- ¿Conoces la nueva cocina? ¿Te gusta?
- ¿Conoces la gastronomía española? Compárala
con la de tu país: di en qué se parecen o en qué
son diferentes.

En la Boquería

Entrada del mercado de La Boquería

Puesto de frutas del mercado de La Boquería

Regresó a Vallvidriera con la compra recién hecha en la Boquería. También el mercado estaba en obras y Carvalho temía que cayeran sobre él las mismas fumigaciones* que habían eliminado todas las bacterias y todos los virus de la ciudad. Se había hecho deshuesar muslitos de pollo, había comprado butifarra para rellenarlos y guisárselos con la tecnología punta de la pepitoria con nueces picadas acompañada de un paisaje de alcachofas. "Las nueces van bien para el colesterol bueno y disminuyen el colesterol malo", había dicho ante las cámaras de televisión un sabio con aspecto de estar severamente enfermo, tal vez porque no había comido nueces ni alcachofas a tiempo. Sobre las alcachofas todo lo sabía Carvalho, si las estofas aprovechas todas sus propiedades y sabores, y, según pregonaban sus apologetas*, es un alimento completo y poco tóxico para las personas de edad. ¿Qué puede ser más tóxico para la edad? El carecer de dinero. Las alcachofas son diuréticas, antirreumáticas, antiartríticas, depuradoras de la sangre y, sin embargo, se pueden comer e incluso cocinar. Le evocaban aquellos arroces individuales de su abuela, con una alcachofa, sólo una, con un calamar, sólo uno, un tomate, un pimiento, como si el uno fuera la expresión misma de su soledad y de la impotencia de comunicarse o simplemente de lo miserable de la pensión que cobraba como viuda de un guardia de la porra* jubilado por la ley de Azaña.

No quería complicarse la vida cosiendo los muslitos sobre su relleno e hizo una farsa de carne de cerdo, de pollo y jamón, más algo más de miga de pan, huevo y una trufa. Rellenó los muslos, los salpimentó, los untó con aceite con un dedo y los envolvió en papel metálico para hacerlos en papillote*. Mientras tanto, tramó el sofrito, le añadió vino blanco, la picada de huevo duro, ajo, perejil y nueces y corrigió la salsa con un chorrito del coñac que conservaba las trufas. Una vez cocidos los muslitos, les quitó la mortaja, estaban perfectamente ensimismados y los dejó cocer cinco minutos con la pepitoria que bien podía nominar como si fuera suya. "Pepitoria Pepe Carvalho". Todo ser humano debería poder tener un hijo, escribir un libro, plantar un árbol y patentar una receta de pollo en pepitoria".

Fragmento de *El hombre de mi vida*. Manuel Vázquez Montalbán. Editorial Planeta, 2000.

*fumigar: acción de desinfectar con humos, gases o vapores.
*apologetas: defensores, que hacen apología.
*guardia de la porra: forma despectiva de referirse a la categoría más baja de la policía.
*papillote: forma de asar envolviendo la comida en papel de aluminio.

1. La compra recién hecha

a. ASOCIA cada palabra con su sinónimo:

a. Guisar	1. Retirado.
b. Pregonar	2. Enfermo de gravedad.
c. Tóxico	3. Pobre.
d. Jubilado	4. Anunciar.
e. Severamente enfermo	5. Cocinar.
f. Miserable	6. Venenoso.

b. LEE el texto y BUSCA las palabras que signifiquen:

a. Quitar los huesos a un alimento
b. Cortado en trozos muy pequeños
c. No tener algo
d. Que limpia las impurezas
e. Antes de que sea demasiado tarde
f. Ganar dinero

g. Dinero de la jubilación
h. Recordar
i. Meter algo dentro
j. Echar sal y pimienta
k. Extender un líquido sobre una superficie
l. Registrar un invento propio

c. CLASIFICA las palabras del texto según designen:

• Alimentos   • Platos cocinados   • Formas de cocinar los platos

2. "Complicarse la vida"

a. ¿Qué SIGNIFICA la expresión idiomática *complicarse la vida*?

b. Indica el SIGNIFICADO de las siguientes palabras, teniendo en cuenta su contexto:

> a. Farsa   b. Corrigió   c. Tramó   d. Mortaja   e. Ensimismados

3. "Pepitoria Pepe Carvalho"

LEE el texto y CONTESTA a las preguntas.

a. ¿A qué tenía miedo Carvalho?
b. ¿Qué quiere decir "tecnología punta de la pepitoria"?
c. ¿Qué intención tiene el autor cuando dice de un sabio que "tal vez no había comido nueces ni alcachofas a tiempo"?
d. ¿Qué significa "paisaje de alcachofas"?
e. ¿Qué ventajas tiene estofar las alcachofas?
f. ¿Por qué dice que lo peor para la edad es carecer de dinero?
g. Señala en el texto cualidades de los alimentos relativas a la salud. Explícalas.
h. ¿A qué época de su vida le recordaban las alcachofas a Carvalho?
i. ¿Qué quiere decir "todo ser humano debería poder tener un hijo, escribir un libro, plantar un árbol y patentar una receta de pollo en pepitoria"?
j. El texto está lleno de sentido del humor e ironía. Pon algún ejemplo en el que se manifieste esta actitud irónica del autor.

Lengua

ESTILO INDIRECTO

Indicativo
- Cuando el estilo indirecto está introducido por verbos de información (*decir, comentar, preguntar, informar, contar, afirmar, insinuar, proclamar...*), el verbo va en Indicativo.
  Arzak afirma que la alta cocina es superior.
- Si el verbo introductor va en Presente (o Pretérito Perfecto), se mantiene el tiempo verbal en estilo indirecto.
  B. afirma: "mi especia favorita es la cayena". B. afirma que su especia favorita es la cayena.
- Si el verbo introductor va en pasado, cambia el tiempo verbal en estilo indirecto según la concordancia de tiempos.
  Él dijo: "Nunca he probado la langosta". Él dijo que nunca había probado la langosta.
  Él dijo: "No sé cocinar". Él dijo que no sabía cocinar.
  Él dijo: "La cocina oriental estará de moda el siglo próximo". Él dijo que la cocina oriental estaría de moda el siglo próximo.

Subjuntivo
- Cuando el estilo indirecto está introducido por verbos de mandato o de influencia (*recomendar, aconsejar, favorecer, pedir, ordenar, prohibir...*), el verbo va en Subjuntivo.
  Arzak recomienda que los cocineros sean innovadores. Arzak recomendó que los cocineros fueran innovadores.
- En Imperativo se expresa con un verbo introductor de mandato y un verbo subordinado en Subjuntivo.
  ¡Escúchame! Me ordenó que le escuchara. → *imperfect subjective.*

Los cambios afectan también a:
- Los pronombres personales y los posesivos.
  Dice: "Yo creo que este es mi plato estrella". Dice que él cree que este es su plato estrella.
- Los adverbios de lugar y de tiempo.
  Dijo: "Quedamos aquí mañana". Dijo que quedaban allí al día siguiente.
- Las oraciones interrogativas completas (las que se pueden responder con SÍ o NO) se introducen con la conjunción SI.
  Él me preguntó: "¿Te gusta la comida rápida?" Él me preguntó si me gustaba la comida rápida.
- Las oraciones interrogativas parciales se introducen con la conjunción QUE y repitiendo la palabra con valor interrogativo.
  Él me preguntó: "¿Cómo te gusta la merluza?" Él me preguntó que cómo me gustaba la merluza.

1 **TRANSFORMA las siguientes expresiones en estilo indirecto.**

a. El cliente aseguró: "No he probado nunca el bacalao al pil-pil". *no había probado*

b. Arzak nos recomienda: "No os durmáis en los laureles".

c. Arzak afirma: "A mí me gusta la alta cocina".

d. Berasategui dijo: "Prefiero el aceite de oliva". *prefería*

e. Ferrán Adrià declaró: "Se volverá a la cocina tradicional, pero sólo parcialmente".

f. Arzak nos sugirió: "Probad las especialidades de cada lugar".

g. El periodista preguntó: ¿Cuáles son los países que están a la vanguardia? *still are ....*

h. Preguntó: "¿Hay algún plato que se le resista?".

TRANSFORMA las siguientes frases en estilo directo.

a. Él me aseguró que en su país no se usaban cubiertos.
b. Él me dijo que había comido insectos.
c. Él me recomendó que no mezclara ciertos sabores.
d. Él me preguntó si sabía cocinar.
e. Él me dijo que no abusara de la comida rápida.
f. Él me preguntó que cuándo se cenaba en España.

 PON el siguiente párrafo en estilo indirecto con un verbo introductor en pasado.

> Una voz de mujer, al otro lado, preguntó: "¿Dónde estás?". "En el autobús", dije. "¿En el autobús?". "¿Y qué haces en el autobús?". "Voy a la oficina". La mujer se echó a llorar, como si le hubiera dicho algo horrible, y colgó.
>
> Guardé el aparato en el bolsillo de la chaqueta y perdí la mirada en el vacío. A la altura de María de Molina con Velázquez volvió a sonar. Era de nuevo la mujer. Aún lloraba. "¿Seguirás en el autobús?, ¿no?", dijo con voz incrédula. "Sí", respondí.
>
> Fragmento de *Cuentos*. Juan José Millás. Alianza Editorial, 2002.

 TIEMPOS DEL PASADO

- **Pretérito Indefinido**
  Una acción pasada y acabada en un momento preciso del pasado.
  Ferrán Adrià logró el éxito en Nueva York en 2003.
  Una acción pasada en el momento en que termina.
  Cuando preparaba el flan, se le quemó el caramelo.
- **Pretérito Imperfecto**
  Hábitos en pasado. *Antes comía todos los días en Mc Donald's.*
  Acciones que se están desarrollando en un momento del pasado. *El mercado estaba en obras.*
  Descripciones en pasado. *Él era muy alegre, simpático, aunque con mucho carácter.*
- **Pretérito Pluscuamperfecto**
  Acción pasada y acabada, anterior a otra pasada. *Había comprado butifarra para rellenarlos.*
  Experiencia que se acaba de vivir por primera vez. *Nunca había comido un plato tan exquisito.*

4 **COMPLETA los huecos con el tiempo verbal adecuado: Pretérito Indefinido, Imperfecto o Pretérito Pluscuamperfecto.**

> (Hacer) .... tres meses, al probar una cucharada de caldo que Chencha le (preparar) ......
> y le (llevar)....... a la casa del doctor John Brown, Tita (recobrar)......... toda su cordura.
> (Estar)........... recargada en el cristal, viendo a través de la ventana a Álex, el hijo de John,
> en el patio, corriendo tras unas palomas.
> (Escuchar)........ los pasos de John subiendo las escaleras, (esperar)........... con ansia su
> acostumbrada visita. Las palabras de John (ser)........ su único enlace con el mundo. Un olor
> que (percibir)......... la .... (sacudir). (Ser)..... un olor ajeno a esta casa. John
> (abrir)........ la puerta y (aparecer)......... ¡con una charola de caldo en la mano y un caldo
> de colita de res!
>
> Fragmento de *Como agua para chocolate*.
> Laura Esquivel. Mondadori, 1990.

Taller *de escritura*

Redactar textos narrativos

1. ¿Qué pasó?

En un texto narrativo se cuentan sucesos que ocurren a través del tiempo.

Para ayudarte

> *Hay formas verbales que pueden:*
> • Hacer avanzar la narración, marcar nuevos eventos en el argumento de la historia, como el Pretérito Indefinido.
> *Ejemplo: "Agarré nerviosa las tenacillas…"*
> • Detener el paso del tiempo o hacer descripciones, como el Pretérito Imperfecto.
> *Ejemplo: "Su aspecto […] me infundía cierto respeto.*
> • Ir hacia atrás, como el Pretérito Pluscuamperfecto.
> *Ejemplo: "Nunca había comido una langosta".*

> Los marcadores que se utilizan en un texto narrativo pueden ser:
> 1. Temporales: *en aquel momento, entonces, después, ese día, de ahí en adelante,* etc.
> 2. Organizadores del discurso:
>   a. De apertura: *había una vez, érase una vez,* etc.
>   b. De desarrollo: *más tarde, días después,* etc.
>   c. De cierre: *finalmente, por fin,* etc.

a. LEE el texto y REDÁCTALO de nuevo poniendo en pasado las formas verbales escritas en negrita y sustituyendo la primera persona por la tercera.

Ejemplo: *"Desde que se casaron toda su vida se fue organizando en función de sus intereses, de su carrera".*

Desde que **nos casamos** toda nuestra vida **se ha ido organizando** en función de sus intereses, de su carrera. Yo **he ido renunciando** poco a poco a mis aspiraciones para facilitarle a él las cosas y ahora que **empieza a triunfar soy** incapaz de ver qué parte de ese triunfo me **corresponde** a mí. Claro, que yo podría haber hecho como otras compañeras, que se casaron y no por eso dejaron de trabajar. Pero Carlos, muy sutilmente, me **fue reduciendo** a esa condición de ama de casa quejumbrosa*, justo la imagen de mujer que más **odio**.

Y ahora ya **soy** mayor para ponerme al día*. Una mujer necesita ganarse un salario para no acabar siendo una asalariada de su propio marido. Claro que las cosas no **parecen** así. Mi marido y yo **somos** una pareja en cierto modo envidiable. Él **es** un buen profesional y yo **tengo** estudios universitarios. Y tuve un trabajo que dejé, porque me gustaban la casa y la familia, etc. Todo **es** mentira.

Fragmento de *El desorden de tu nombre.* Juan José Millás. Alfaguara, 1987.

Quejumbrosa = persona que se queja mucho, que desea ser mimada.
Ponerse al día = actualizarse.

b. ¿Qué formas verbales hacen avanzar el relato? Da ejemplos.

> Fíjate en las expresiones de tiempo que organizan el relato:
>
> *Desde que.*   *Ahora.*

2. La primera langosta

LEE el texto y RESPONDE a las preguntas.

IGNACIO MARTÍNEZ DE PISÓN

María bonita

ANAGRAMA
Narrativas Hispánicas

El señor Torres había pedido langosta para todos. El camarero nos fue sirviendo los platos y yo me encontré de golpe ante una enorme langosta, las antenas dobladas sobre las hojas de lechuga, las pinzas señalándome, los negros ojos muertos mirándome. Yo nunca había visto de cerca una langosta, y su aspecto casi monstruoso me infundía cierto respeto. Venga, María, que no te va a morder, dijo el señor Torres con un guiño burlón. Yo me ruboricé; lo había notado, se habían dado cuenta de que aquélla era la primera langosta que veía en mi vida, y ahora todos los de la mesa estarían pendientes de mí, de cómo me las arreglaría con ella. Agarré nerviosa las tenacillas y, al ir a levantar la langosta con la otra mano, lo hice con tal torpeza que se me resbaló entre los dedos y cayó aparatosamente sobre el borde del plato, la tripa y las patas hacia arriba. El señor y la señora Torres intercambiaron una rápida mirada de suficiencia. Yo, sintiéndome impotente, sofoqué un gemido: tenía que enfrentarme nuevamente a esa langosta, y tenía que hacerlo ante la atenta mirada de aquellos dos señores, que parecían dispuestos a acoger con carcajadas una nueva torpeza mía.

Fragmento de *María bonita*. Ignacio Martínez de Pisón. Editorial Anagrama, 2000.

a. ¿Qué se supone que pasó antes de este fragmento? ¿Cuál es la experiencia nueva de María?
b. ¿Qué forma verbal se utiliza para narrarla?
c. ¿Qué valor temporal tienen los dos condicionales *estarían* y *arreglaría*?
d. *¿Tenía que enfrentarme / Tenía que hacerlo* hacen avanzar la historia o detienen el paso de tiempo?
e. ¿Cómo están ordenados los hechos cronológicamente, desde el principio hasta el final o viceversa?

3. Redacta un texto narrativo

ELIGE una de las dos tareas de escritura.

a. **ESCRIBE una posible continuación de una de las dos historias (texto de Juan José Millás y de Ignacio Martínez de Pisón).**

Ten en cuenta los elementos que aparecen en la narración (personajes, tiempos verbales, marcadores narrativos), así como el sentido general de la historia.
Elige los tiempos verbales adecuados para avanzar, detenerse o retroceder en el tiempo.

b. **ESCRIBE un texto narrativo en el que cuentes una historia (real o imaginaria) teniendo en cuenta las siguientes pautas:**

• Personajes que intervienen en la narración.
• Uso de la primera o tercera persona para narrar.
• Marcadores temporales que sitúan el tiempo en que se desarrolla la narración.
• Eventos que se suceden (con verbos de acción en Pretérito Indefinido).
• Descripciones en pasado (en Pretérito Imperfecto).
• Acciones o estados que sitúan la narración en un tiempo anterior (Pretérito Pluscuamperfecto).
• Orden cronológico de la narración (desde el principio hasta el final o viceversa).
• Marcadores narrativos que organizan el discurso.
• Pistas que permiten anticipar lo que va a pasar en la narración.

España en directo

España es... Tapas

1. ¿Te gusta tapear?

Antes de visionar

- ¿Comes entre horas?
- ¿Sabes lo que es en España el aperitivo?
- ¿Qué es "comer de tapas"?
- ¿Qué se puede comer de tapas?
- ¿Has ido con amigos a "picar"/ de tapas?

2. En un bar

a. ¿Qué SIGNIFICAN las siguientes expresiones?

a. Tenemos "de todo"
1. todo tipo de tapas ☐
2. no falta nada ☐

e. Clientela
1. clientes preferidos ☐
2. conjunto de clientes ☐

b. Hacer boca
1. comer mucho ☐
2. estimular el apetito ☐

f. Hasta el tope
1. harto ☐
2. lleno ☐

c. Caña
1. cerveza de barril ☐
2. cerveza en botella ☐

g. Tapeo
1. comer de tapas ☐
2. servir tapas ☐

d. Surtido
1. fuente ☐
2. variedad ☐

h. Tomar algo
1. coger algo ☐
2. beber algo ☐

b. Primer visionado. LEE las preguntas y después de ver una vez la escena, CONTÉSTALAS:

a. ¿Qué es lo primero que le pide la entrevistadora al camarero?

1. una caña y aceitunas rellenas ☐
2. una caña ☐
3. aceitunas rellenas ☐

b. ¿Qué tipo de gente acude al bar?

1. depende del día ☐
2. oficinistas ☐
3. de todo tipo ☐

c. ¿Qué tipo de clientes van a las once?

d. ¿Qué se pide en el desayuno?

3. Usos y costumbres

a. Segundo visionado. ¿Lo has entendido?

a. Subraya el nombre de las tapas que se mencionan en la audición:

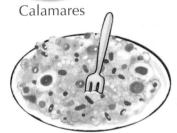

Patatas bravas

Calamares

Jamón

Boquerones en vinagre

Ensaladilla rusa

Patatas alioli

b. ¿A partir de qué hora se toma el aperitivo?
c. ¿Cuánto cuesta el menú? ¿De qué consta?
d. ¿Qué toman al final? ¿Quién invita?

b. COMPLETA el texto con estas expresiones del ejercicio 2.

> cañas - de todo - surtido - clientela - tomar algo - tapeo - hacer boca - hasta el tope

El sábado estuvimos en un bar típico de Sevilla. No nos apetecía cenar en un restaurante, sino ir de …….., bebiendo unas ………… El bar estaba llenísimo, …………., no sólo estaba la ……………. habitual, sino que había gente de otros puntos de España, aprovechando el puente. Para ……… ………….. empezamos con unas aceitunas, pero no sólo queríamos ………. ………. Un problema era que Ana es vegetariana y Pedro no come cerdo, pero no hubo que preocuparse: en la barra tenían ……….., la verdad, un gran ………… de aperitivos, tapas y pinchos. Estaba todo riquísimo.

4. Los bares en España

- ¿Qué función desempeñan los bares en España?
- Y en tu país, ¿tienen la misma importancia? Expresa tu opinión dando ejemplos.

Científico en un laboratorio.

Unidad 12
A ciencia cierta

Mecanópolis

En "Mecanópolis" Unamuno nos describe una ciudad futurista, controlada totalmente por máquinas, en la que no hay ningún ser vivo.

Renuncio a describirte la ciudad. No podemos ni soñar todo lo que de magnificencia, de suntuosidad, de comodidad y de higiene estaba allí acumulado. Por cierto que no me daba cuenta para qué todo aquel aparato de higiene, pues no se veía ser vivo alguno. Ni hombres ni animales. Ni un perro cruzaba la calle; ni una golondrina el cielo.

Vi en un soberbio edificio un rótulo que decía: *Hotel*, escrito así, como lo escribimos nosotros, y allí me metí. Completamente desierto. Llegué al comedor. Había en él dispuesta una muy sólida comida. Una lista sobre la mesa, y cada manjar que en ella figuraba con su número, y luego un vasto tablero con botones numerados. No había sino tocar un botón y surgía del fondo de la mesa el plato que se deseara. [...]

Visité la gran sala de conciertos, donde los instrumentos tocaban solos. Estuve en el Gran Teatro. Era un cine acompañado de fonógrafo, pero de tal modo, que la ilusión era completa. Pero me heló el alma el que era yo el único espectador. ¿Dónde estaban los mecanopolitas? [...]

Mis días, en efecto, empezaron a hacérseme torturantes. Y es que empecé a poblar mi soledad de fantasmas. Es lo más terrible de la soledad, que se puebla al punto. Di en creer que todas aquellas fábricas, aquellos artefactos, eran regidos por almas invisibles, intangibles y silenciosas. Di en creer que aquella gran ciudad estaba poblada de hombres como yo, pero que iban y venían sin que los viese ni los oyese ni tropezara con ellos. Me creía víctima de una terrible enfermedad, de una locura. [...]

Una mañana, al despertarme, aterrado, cogí el periódico, a ver lo que pasaba en el mundo de los hombres, y me encontré con esta noticia: "Como preveíamos, el pobre hombre que vino a dar, no sabemos cómo, a esta incomparable ciudad de Mecanópolis, se está volviendo loco. Su espíritu, lleno de preocupaciones ancestrales y de supersticiones respecto al mundo invisible, no puede hacerse al espectáculo del progreso. Le compadecemos".

No pude resistir esto de verme compadecido por aquellos misteriosos seres invisibles, ángeles o demonios -que es lo mismo-, que yo creía habitaban Mecanópolis. Pero de pronto me asaltó una idea terrible, y era la de que las máquinas aquellas tuviesen su alma, un alma mecánica, y que eran las máquinas mismas las que me compadecían. Esta idea me hizo temblar. Creí encontrarme ante la raza que ha de dominar la tierra deshumanizada. [...]

Y desde entonces he concebido un verdadero odio a eso que llamamos progreso, y hasta a la cultura, y ando buscando un rincón donde encuentre un semejante, un hombre como yo, que llore y ría como yo río y lloro, y donde no haya ni una sola máquina y fluyan todos los días con la dulce mansedumbre cristalina de un arroyo perdido en el bosque virgen.

Fragmento de *Mecanópolis*. M. de Unamuno, sacado de *De la luna a Mecanópolis: Antología de la ciencia-ficción española*, 1832-1913, Quaderns Crema, Barcelona, 1995.

1. Hombres y máquinas

Prelectura. DISCUTE en parejas.

a. Nombra cinco máquinas modernas y explica cómo hacen la vida más fácil.
b. Nombra tres aparatos o máquinas que no son demasiado útiles; explica por qué.
c. ¿Cómo es tu idea del futuro ideal?

2. El espectáculo del progreso

a. LEE el texto y CONTESTA a las preguntas.

a. El escritor encontraba raro que hubiera tanto "aparato de higiene". ¿Por qué?
b. ¿Qué había que hacer para comer en el hotel?
c. ¿Qué le produjo tristeza en el Gran Teatro?
d. ¿Quienes creyó el escritor que manejaban las máquinas?
e. ¿Quién era el "pobre hombre" del que hablaba el periódico?
f. El escritor se dio cuenta de que no había "seres invisibles". Pero entonces, ¿quién le compadecía?
g. ¿Por qué quiere vivir en un sitio aislado y atrasado el escritor?

b. Di qué SIGNIFICAN las siguientes palabras.

a. "Renuncio a describirte la ciudad".
   1. desisto de hacerlo. ☐   2. voy a hacerlo a continuación. ☐   3. estoy intentando hacerlo. ☐

b. "El hotel estaba decorado con suntuosidad".
   1. con gusto exquisito ☐   2. con lujo ☐   3. con exotismo ☐

c. Golondrina.
   1. un pez ☐   2. una especie de ciervo ☐   3. un pájaro ☐

d. Rótulo.
   1. un cartel ☐   2. un círculo ☐   3. un empleado de hotel ☐

e. Manjar.
   1. un camarero ☐   2. una comida ☐   3. un comedor ☐

f. "Me heló el alma".
   1. estremeció ☐   2. relajó ☐   3. hizo enfadar ☐

g. Al punto (expresión un tanto anticuada).
   1. poco hecha la comida ☐   2. en el mismo sitio ☐   3. en seguida ☐

h. "Eran las máquinas mismas las que me compadecían"
   1. Ayudaban a ☐   2. Sentían lo mismo que ☐   3. Sentían pena por ☐

3. Imagina una "Mecanópolis"

¿Cuáles serían las ventajas y las desventajas de vivir ahí?
¿De qué peligro avisa el autor en este cuento? ¿Crees que ese peligro sigue vigente?

Comprensión auditiva

1. La biomimética

a. MIRA las ilustraciones, LEE los textos y RELACIÓNALOS.

1

2

A. El superpegamento biomimético. En 2003, unos investigadores de la Universidad de Manchester diseñaron unas estructuras artificiales de dos micras de longitud similares a las que poseen los gecos (una variedad de lagartos) bajo sus dedos, y que les permite trepar incluso por superficies verticales. Posteriormente se fabricó un muñeco del popular Spiderman, que incorporaba esta sustancia en las manos.

B. La biomimética también ha llegado hasta la industria militar. La piel de los cefalópodos posee unas células llamadas cromatóforos que les permite cambiar de color. Los futuros uniformes de combate seguramente tendrán propiedades similares, convirtiéndolos en sistemas de camuflaje inmejorables.

b. Después de leer los textos, RESPONDE verdadero o falso.

	V	F
a. El muñeco de Spiderman está hecho con piel de geco.	☐	☐
b. El geco se agarra muy bien a todas las superficies.	☐	☐
c. Los cefalópodos cambian de color echando tinta a su piel.	☐	☐
d. Se quiere conseguir una tela que cambie de color según el entorno.	☐	☐

c. RELACIONA las palabras con sus respectivas definiciones.

a. Mecanismo	1.	Sustancia que mata las bacterias.
b. Material	2.	Esparcir un líquido en gotas muy pequeñas.
c. Componente	3.	Aparato que sirve para esparcir un líquido en gotas finas.
d. Concha	4.	Tejido orgánico.
e. Mármol	5.	Revestimiento, capa.
f. Maniobrar	6.	Característica, calidad.
g. Aeronave	7.	Aparato volador.
h. Propiedad	8.	Moverse, operar, hacer funcionar.
i. Rociar	9.	Piedra apreciada para escultura y decoración.
j. Bactericida	10.	Caparazón duro de algunos animales marinos.
k. Recubrimiento	11.	Uno de varios elementos que forman algo.
l. Vaporizador	12.	Sustancia de la que está hecha algo.
m. Fibra	13.	Conjunto de piezas que producen un movimiento.

2. Aplicaciones de la biomimética

Vas a escuchar un programa de radio sobre biomimética. ESCUCHA y CONTESTA a las preguntas.

a. ¿Qué estudia la biomimética?
    1. La evolución de los seres vivos. ☐
    2. Los materiales que no parecen útiles. ☐
    3. Cómo se organizan los materiales naturales. ☐

b. ¿En qué se diferencian la concha del mejillón y el mármol?
    1. En la composición: la concha tiene más calcio. ☐
    2. En la resistencia: el mármol es más duro. ☐
    3. Los materiales están estructurados de forma diferente. ☐

c. ¿Qué se pretende copiar de las aves y los insectos?
    1. Su ligereza, que les permite volar. ☐
    2. La movilidad de las alas. ☐
    3. La orientación en vuelo nocturno. ☐

d. ¿Qué está estudiando el grupo del señor Guinea?
    1. Las propiedades de la seda de araña. ☐
    2. El movimiento de la araña. ☐
    3. El dibujo de la tela de araña. ☐

e. ¿Cuál es la propiedad más interesante del producto que estudia el profesor Guinea?
    1. La flexibilidad. ☐
    2. La resistencia. ☐
    3. La duración. ☐

f. ¿Cómo se podría reparar un parachoques construido con el material que están investigando?
    1. Aplicando calor. ☐
    2. Echándole agua. ☐
    3. Se repara solo. ☐

3. Elaborar un producto nuevo

En grupos, PREPARAMOS un proyecto biomimético para desarrollar un producto nuevo.

Seguimos los pasos siguientes:

a. Pensamos en un animal con unas capacidades extraordinarias.
Ejemplo: el murciélago se orienta en la oscuridad.

b. Pensamos en alguien que necesita disponer de esas capacidades. Ejemplo: los mineros, los buzos.

c. Pensamos en una forma práctica de imitar la naturaleza.

Ejemplo: un casco con un pequeño radar, conectado a unas gafas, que permite ver siluetas de objetos en la oscuridad total.

Cada grupo desarrolla su idea y la expone al resto de la clase. Se vota el diseño más original.

Lengua

 **LA PASIVA**

Se forma con el verbo ser (pasiva de proceso) o con el verbo estar (pasiva de resultado) y un participio que concuerda en género y número con el sujeto pasivo. A veces se especifica el agente con la preposición *por*.
• Pasiva de proceso:
Los planetas serán colonizados algún día (se desconoce el agente).
Todos aquellos artefactos eran regidos por almas invisibles (con agente).
• Pasiva de resultado:
Las revistas estaban desparramadas por todo el suelo (resultado de la acción, sin agente).

La voz pasiva es muy poco frecuente en español. Sólo se utiliza en registros cultos y en lengua escrita. En general se prefiere la forma impersonal con *se*, llamada pasiva con *se*:
Para predecir el tiempo se utilizan ordenadores y se emplean instrumentos de medición.
• Hay otros verbos, como quedar, que seguido de participio tiene un uso y significado equivalente al de la pasiva, se utiliza para indicar el resultado de una acción:
La carretera quedó destrozada tras la riada.

1 ELIGE entre *ser / estar* y *quedar*:

a. Ya *es / está / queda* construido el cohete de iones.
b. Al caer de la mesa la botella *fue / estuvo / quedó* hecha añicos.
c. Cuando salió de la casa el ladrón *fue / estuvo / quedó* hecho prisionero.
d. Miré en una esquina del jardín. Las hojas *eran / estaban / quedaban* recogidas ahí.
e. Tras la explosión, las paredes *fueron / estuvieron / quedaron* llenas de agujeros.
f. El submarino *fue / estuvo / quedó* inventado por un español, Isaac Peral.

2 TRANSFORMA en pasiva con *se*.

a. Han sido fabricados estos aviones para alcanzar mucha velocidad.
b. Todavía no ha sido descubierta la vacuna contra la malaria.
c. Isaac Asimov, el escritor de ciencia-ficción más conocido, ha sido imitado por muchos.
d. Ya ha sido construido un prototipo de coche sin conductor.

 *SER Y ESTAR*

SER	ESTAR
• Características esenciales de una persona o de una cosa.	• Circunstancias.
- Origen o nacionalidad de una persona:	- Características circunstanciales:
Somos de Guatemala.	*Estás muy guapa con ese vestido.*
- Profesión:	- Actividad u ocupación puntual:
A. Mc Gowen es directora.	*Está de viaje.*
	- Disposición o actitud:
	¿Estás listo?

SER
- Cualidades físicas y morales:
Mi primo es muy guapo.
- Destino de una cosa o una acción:
Este regalo es para ti.
• Una definición.
- Identificar o definir:
Era un cine acompañado de fonógrafo.
- Composición o materia de algo:
La mesa es de madera.
- Localizar un acontecimiento:
La boda será en junio en la iglesia de la Asunción.
-Expresar un juicio objetivo:
Lo que dices no es verdad.
- Delante de sustantivo, pronombre e Infinitivo:
Es una pena. Esa moto es mía.
• Precio.
- Preguntar y responder:
¿Cuánto es esta falda? –Son 40 euros.
• Hora y fecha.
- Indicar hora, día, estación y año:
¿Qué hora es? –Son las dos de la tarde.
Ya es verano y hoy es domingo.

ESTAR
- Actitud, estado de salud:
¿Seguro que estás bien?
• Situación en el espacio y en el tiempo.
- Localizar algo en el espacio:
¿Dónde estaban los mecanopolitas?
- Situar:
Estamos en invierno.
-Presencia o ausencia:
Estoy aquí.
-Situación aproximada:
Está a unos 100 km. de Madrid.
• Momentos de una acción.
- Indica algo que está a punto de ocurrir:
Mateo está al llegar.
- Indica el resultado:
Todo está preparado.
• Precio, relacionado con peso u otra medida.
- Preguntar y responder:
¿A cuánto está el melón? –Está a 1 euro el kilo.
• Fecha.
-Indicar día, mes, estación y año actuales:
Estamos a 25 de diciembre / a sábado.
Estamos en invierno / en 2005.

Hay expresiones que cambian de significado según vayan con ser o estar:

ser bueno / malo (maldad o bondad)	estar bueno (= sano) / malo (= enfermo).
ser listo (= inteligente)	estar listo (= preparado)
ser rico (= adinerado)	estar rico (= sabroso).
ser vivo (= rápido de espíritu)	estar vivo (= no estar muerto)
ser guapo (= buen físico)	estar guapo (= modo de vestir)
ser joven (= edad)	estar joven (= parecerlo).
ser negro (= color de la piel)	estar negro (= furioso o muy moreno).

3 **COMPLETA los huecos con la forma correcta de los verbos *ser* o *estar*.**

a. Escuché un ruido y me di la vuelta. Sólo .... un gato.
b. Los libros .... en esa caja grande.
c. Mi primo .... médico.
d. Estos plátanos .... de Canarias.
e. Ya .... todo preparado para la fiesta.
f. Ten cuidado con Marta. .... enfadada.
g. ¡Esto .... un desastre! Todo el laboratorio ha sido destruido.
h. .... a 24 de diciembre. Esta noche es Nochebuena.
i. La reunión .... el día 8 de agosto.
j. Valencia .... a 125 kilómetros.

4 **ELIGE entre *ser* y *estar* en función del sentido de cada frase.**

a. Mi hija no puede ir al colegio porque .... mala.
b. Este besugo a la espalda .... riquísimo.
c. El delfín es un animal excepcional porque .... muy listo.
d. Mi hijo .... muy vivo. A los tres años ya juega con el ordenador.
e. Con este traje de chaqueta tu novio .... guapísimo.
f. Mi primo .... joven. Tiene veinte años.

Taller *de escritura*

Redactar un artículo científico

1. Elementos de cohesión

a. LEE el texto. Las partes en cursiva son elementos que dan cohesión al texto. Mira los ejemplos y RELACIONA los otros elementos con su descripción.

La sonda "Smart 1" entra sin problemas en la órbita de (1) *nuestro satélite*. Europa llega a la Luna

"Europa acaba de llegar a la Luna". La pequeña sonda espacial Smart 1 ha completado con éxito su viaje de más de 13 meses hasta la órbita de nuestro satélite y ya se prepara para comenzar (2) *sus* investigaciones a principios del próximo año. (3) *Así* lo anunció ayer la Agencia Espacial Europea (ESA) por medio de su director científico, David Southwood.

La (4) *nave* encendió sus motores a primera hora del lunes y realizó una serie de maniobras para ser captada por la gravedad lunar, (5) *una operación* que en realidad no concluirá hasta mañana. La Smart-1 alcanzó su punto de máximo acercamiento (lo que los científicos denominan "perilunio") a las 18.48 horas, (6) *cuando* se situó a 5.000 kilómetros de la Luna.

Ahora la nave tendrá que dejarse llevar por la gravedad de nuestro satélite hasta alcanzar (7) *su* órbita definitiva el 1 de febrero de 2005. Una vez estabilizada, desplegará sus instrumentos científicos y comenzará sus observaciones, (8) *que* se prolongarán durante un mínimo de seis meses.

Por el momento, la misión ya ha demostrado la viabilidad de los motores eléctricos de iones, (9) *una nueva tecnología* que la ESA está probando con la Smart-1 y que también pretende emplear para llegar a Mercurio a partir del año 2011.

(10) *En este sentido*, los resultados no pueden ser mejores: "No esperábamos llegar tan pronto", comentó ayer Octavio Camino, (11) *jefe de operaciones de la misión*. "(12) *Esto* significa que las tareas científicas empezarán antes de lo previsto".

Texto adaptado, *El Mundo*, 17 de noviembre de 2004.

---

a. sinónimo: su uso evita la repetición excesiva de algunas palabras. Ejemplo: (1) *nuestro satélite*.

b. pronombre y adjetivo: los pronombres y adjetivos posesivos o demostrativos pueden referirse a sustantivos aparecidos anteriormente, evitando así su repetición. Ejemplo: (2) *sus* investigaciones.

c. pronombre relativo: se refiere a una idea mencionada anteriormente, por lo que sirve para añadir información sin escribir una frase nueva. Ejemplo: (6) *cuando*.

d. yuxtaposición: a menudo con coma, dos expresiones colocadas la una al lado de la otra suelen mostrar una relación de igualdad. Ejemplo: una serie de maniobras..., (5) *una operación*.

e. expresiones que introducen la frase y hacen referencia a lo dicho anteriormente. Ejemplo: (3) *Así*.

b. Para cada palabra o expresión en cursiva, SEÑALA a qué se refiere exactamente.

Ejemplo: (1) *nuestro satélite* se refiere a la Luna.

c. UNE las siguientes frases sueltas en un párrafo cohesionado, empleando los elementos de cohesión mencionados anteriormente.

- La Conferencia Internacional de Robótica de Madrid se celebró el pasado mes de septiembre.
- En la Conferencia se presentaron varios robots españoles.
- Entre los robots presentados destacaron Melanie-III y Roboclimber.
- El Melanie-III es un hexápodo.
- El Melanie-III es capaz de transportar grandes pesos por terrenos abruptos.
- Roboclimber es el mayor robot de cuatro patas del mundo.
- Roboclimber es capaz de escalar por cualquier terreno.
- El ser capaz de escalar hace que Roboclimber sea una innovación.
- Roboclimber fue desarrollado por el Instituto de Automática Industrial.
- Roboclimber está diseñado para colocar mallas metálicas en los taludes de las carreteras.
- Los taludes sirven para evitar desprendimientos de tierra.

2. Construcción de una carretera

Utiliza este plan para describir el proceso de planificación y construcción de una carretera. Se incluyen los pasos consecutivos. Hay dos ideas para cada paso, que DEBES UNIR en una frase. DECIDE qué nexo usar en cada caso.

Para ayudarte

La descripción de procesos.
- Mencionar los diferentes pasos en orden: a veces se unen pasos consecutivos.
- Para cada paso, especificar dónde ocurre algo, cómo, por qué o para qué.

Sucesos consecutivos	Describir cómo ocurre algo	Para qué se hace algo
Tras + Infinitivo / Antes de + Infinitivo A continuación,... *Tras decidir la ruta, se toman muestras del terreno.*	Esto se hace + Gerundio *Se analizan las necesidades contando los coches que pasan por un punto.*	Para que / de modo que + Subj., para poder + Inf. De este modo,... *La ruta es trazada de modo que se eviten montañas y ríos.*

Proceso de planificación y construcción

Paso 1.
• Se analizan las necesidades.
• Se cuenta el número de vehículos que pasan por cada carretera de una zona.

Paso 2.
• Se decide la ruta, que es trazada por ingenieros.
• Se procura evitar pueblos, montañas y ríos. Los puentes son caros.

Paso 3.
• Se toman muestras del terreno.
• Se realizan perforaciones en el suelo. Son importantes la resistencia y humedad del suelo, que son medidas con cuidado.

Paso 4.
• La ruta queda allanada y libre de obstáculos.
• Se emplean grandes excavadores.

Paso 5.
• Se emplean gruesas capas de cemento.
• Estas son colocadas en el suelo.
• El cemento constituye un buen cimiento.

Paso 6.
• Se coloca la capa de alquitrán y se alisa.
• Se usa una apisonadora.
• Después vienen las rayas, que son pintadas con máquinas.

3. Escribir un artículo científico

En grupos, PREPARAMOS nuestro propio artículo científico siguiendo estos pasos:

1. Escogemos un tema sobre el que dispongamos de información (revistas, enciclopedias, nuestra propia experiencia, etc.)
2. Escogido el tema se aportan ideas sobre qué puntos incluir en el artículo. No deben ser demasiados ni abarcar un tema excesivamente amplio. El tema debe ser muy concreto.
3. Se escogen los puntos más interesantes y se decide el orden en el que se van a redactar. ¿Se trata de un proceso? Entonces debe haber un orden cronológico. ¿Se trata de varios aspectos de la misma cuestión? En ese caso, debe tratarse cada uno en un párrafo distinto.
4. Se redacta y se revisa el uso de conectores. Se incluyen tantos como haga falta para que el sentido del texto y el orden de los elementos queden claros.

Ciencia-ficción

a. Estos son extractos de libros de ciencia–ficción del siglo XIX. DISCUTE las siguientes preguntas en parejas:

a. ¿Cuál te parece el fragmento más realista o que mejor anticipa el futuro?
b. Los fragmentos muestran una intención moralizadora, tienen mensaje. ¿Qué "mensaje" pretenden transmitir?

La humanidad de la Tierra se había cansado de dar vueltas mil y mil veces alrededor de las mismas ideas, de las mismas costumbres, de los mismos dolores y de los mismos placeres. Hasta se había cansado de dar vueltas alrededor del mismo Sol...
Un sabio muy acreditado... Judas Adambis tomó cartas en el asunto y escribió una Epístola Universal, cuya primera edición vendió por una porción de millones.
"... No se trata de una de tantas filosofías pesimistas, charlatanas y cobardes que han apestado al mundo. No se trata de una teoría, se trata de un hecho viril: del suicidio universal. La ciencia y las relaciones internacionales permiten hoy llevar a cabo tal intento. El que suscribe sabe cómo puede realizarse el suicidio de todos los habitantes del globo en un mismo segundo. ¿Lo acepta la humanidad?".
La idea de Judas Adambis era el secreto deseo de la mayor parte de los humanos.

Fragmento de *Cuento futuro* (1886).
Leopoldo Alas (Clarín).

Ambos fragmentos sacados de *De la luna a Mecanópolis: Antología de la Ciencia-ficción española, 1832-1923* Quaderns Crema, Barcelona, 1995.

A las siete menos diez minutos subí por el ascensor a la azotea de mi casa y esperé el paso del tranvía electro-aéreo. Ocho minutos después me hallaba en la estación central de los aluminiocarriles, y me instalaba en el tren expreso hispano-argentino.
...las dulces notas de los cantores y de la orquesta de una ópera que en aquel momento se representaba en el teatro Apolo de Roma, reproducidas por un megáfono, recreaban el oído de los viajeros durante la hora de la comida;
...Me acerqué al Noticiero Parlante... y vi que tenía una serie de botoncitos... oprimí el primer botón, y el fonógrafo habló de esta manera:
"Santiago de Chile, 3:12 tarde. -Los viajeros del tren relámpago procedente de Montevideo han sido indemnizados con ciento cincuenta pesos cada uno por haber llegado aquel con un retraso de quince minutos...
Bogotá, 6:24 tarde. -El Gobierno ha resuelto sustituir los antiguos cañones de doscientas cincuenta toneladas que defendían el canal de Panamá con máquinas eléctricas lanzarrayos.
México, 3:00 tarde. -El general mexicano Victoria ha ocupado San Francisco de California en virtud del tratado de paz con los Estados Unidos... Hoy se firmará el pacto de la confederación latinoamericana...".

Fragmento de *Un viaje a la República Argentina en el siglo XXI* (1889). Nilo María Fabra.

b. En parejas: hablemos de ciencia–ficción.

a. Pensamos en una historia (novela, película, etc.) de ciencia-ficción o futurista.
b. Escribimos unas notas breves sobre el argumento para poder contarlo.
c. Contamos el argumento a otra pareja y escuchamos el de su historia.
d. Comparamos las dos historias:
e. ¿Cuál es más realista? ¿Qué cosas son más difíciles de creer?
f. ¿Cuál es más original o imaginativa?
g. ¿Tienen algún "mensaje"? ¿Cuál?

Tertulia

¿La ciencia trae consigo bendiciones o maldiciones?

• **ESCUCHA a tres entrevistadas y di a quién corresponde cada opinión.**

	1	2	3
a. Cada vez hay más adelantos científicos, pero eso no nos trae la felicidad.			
b. La ciencia es buena si se usa bien; depende de nosotros.			
c. En algunos aspectos la ciencia es una bendición y en otros es una maldición.			
d. Los adelantos en la fabricación de armas en realidad son un atraso.			
e. No hay que oponerse a la ciencia.			

• **¿Con qué opinión estás tú más de acuerdo? puedes usar estos argumentos u otros que se te ocurran.**

A FAVOR	EN CONTRA
- Mejor salud y expectativa de vida. - Mayor comodidad. - Mayores posibilidades de solucionar problemas. -	- Deshumanización. - Mayores desigualdades entre los que se pueden permitir la tecnología moderna y los que no. - La ciencia mal usada es peligrosa. -

• **Discute casos concretos; por ejemplo:**

- • Adelantos en la investigación genética.
- • Invención de nuevos materiales.
- • Informática y telecomunicaciones.

• **Se forman grupos.**

-Cada grupo nombra un moderador y elige un caso concreto (puede figurar o no dentro de los propuestos).
-Se hace una ronda durante diez minutos para que todos digan su opinión. El moderador toma notas y saca conclusiones. Todos juntos preparamos un resumen de nuestras opiniones.
-Un miembro del grupo lee el resumen para el resto de la clase.

Diploma de Español como Lengua Extranjera.
Nivel Intermedio

Modelo de examen

1

Llegan los maniquíes "gordos" a los escaparates.

Tras la explosión del colectivo gay como grupo de presión política, motor económico o solicitadísimo grupo de consumo, todos los indicadores parecen apuntar a otro grupo poblacional como próximo sector peculiar en ser objeto de márketing, estudiado, exprimido y usado en el mejor y peor sentido de la palabra. Son los "gordos", los cultivadores más o menos voluntarios del sobrepeso o de siluetas que, hasta el momento, no eran consideradas estéticamente correctas, que ven cómo se empiezan a atender sus necesidades en un mercado habitualmente fabricado a la medida de la gente "normal". Uno de los primeros sectores en darse cuenta de este voluminoso nicho de negocio ha sido el textil, que vive toda una revolución de la gran talla que, en algún momento, debía llegar a los escaparates. Si los diseñadores se niegan a que las modelos se hagan eco de una calle más proclive a la carne que a los huesos, los propietarios de algunas tiendas han decidido hacer justo lo contrario, apostando por una nueva generación de maniquíes que, como poco, lucen algo más de cinco centímetros de busto, cintura y cadera.

Pero… ¿a qué se debe este interés por las tallas grandes? Producir líneas a partir de la talla 46 es una alternativa más real y algunas marcas comerciales esperan aumentar su negocio vendiendo a gente con kilos de más y luciendo en sus tiendas muñecos expositores de tallas hace unos años impensables. Actualmente y gracias al estrellato de Jennifer López y Beyonce Knowles se están mostrando modelos corporales más grandes o distintos en las tiendas. Además, el público las considera sexies, lo que supone una verdadera revolución.

Texto adaptado, *Metrópoli*, nº 39.

Preguntas

1 **Según el texto, ¿cuál es el sector de la población al que va dirigida la campaña de márketing a la que se hace referencia?**

a. El consumidor medio. ☐
b. La población con sobrepeso. ☐
c. El colectivo gay. ☐

2 **De ahora en adelante en los escaparates de las tiendas vamos a encontrar:**

a. Maniquíes con tallas un poco mayores para la gente de mediana edad. ☐
b. Maniquíes delgadas, pero el tallaje de la ropa será más variado. ☐
c. Maniquíes con medidas más realistas y acordes con la gente de la calle. ☐

3 **Según el texto, la portorriqueña Jennifer López:**

a. Es un ejemplo de mujer rellenita a la que le gusta mucho la moda. ☐
b. Aun teniendo unos kilos de más, es una mujer muy atractiva. ☐
c. No estaría incluida en el grupo de gente con sobrepeso porque es muy seductora. ☐

Carta personal

Redacte una carta de 150–200 palabras (15–20 líneas).
Escoja sólo una de las opciones que se le proponen.
Comience y termine la carta como si fuera real.

Opciones

Opción 1

Un amigo extranjero le dice en una carta que piensa venir a España a perfeccionar el castellano, y le pide consejos sobre cómo hacerlo. Escriba una carta en respuesta. En ella deberá:

• Felicitar a su amigo por el interés que tiene por aprender el castellano.
• Manifestar su alegría porque pronto se van a ver.
• Darle consejos prácticos sobre cómo perfeccionar la lengua.
• Hacerle advertencias sobre posibles dificultades que va a encontrar.

Opción 2

Usted está estudiando en la Universidad y sus compañeros de clase le han elegido para organizar un viaje de fin de curso. Escriba un correo electrónico circular para informar a sus compañeros de cómo van los preparativos. Incluya en su correo circular:

• Dos opciones de destino del viaje, mencionando precios, días de estancia, hoteles, etc.
• Comentarios sobre las ventajas de cada destino.
• Instrucciones sobre cómo apuntarse al viaje.
• Alguna expresión optimista para animar a sus compañeros.

Carmen Iglesias, preceptora del Príncipe Felipe.

A continuación oirá una entrevista con Carmen Iglesias, preceptora del Príncipe Felipe.

Preguntas

1 **Según la grabación, Carmen Iglesias ha sido preceptora del Príncipe, no de sus hermanas las Infantas.**

a. Verdadero ☐
b. Falso ☐

2 **Carmen Iglesias dice en la grabación que los Reyes querían como preceptor del Príncipe a una persona que estuviera muy arraigada en la sociedad y que fuera moderna.**

a. Verdadero ☐
b. Falso ☐

3 **Carmen Iglesias compara al Príncipe y las Infantas con esponjas por su facilidad para absorber conocimientos y recordar cosas.**

a. Verdadero ☐
b. Falso ☐

Sección 1: Texto incompleto

Complete el siguiente texto eligiendo para cada uno de los huecos una de las tres opciones que se le ofrecen.

¿Qué opinan las empresas de los recién licenciados?

Las aptitudes que demandan las empresas de los titulados universitarios no coinciden con las que éstos llegan a las entrevistas de trabajo o con las que detectan posteriormente las compañías en sus empleados licenciados. La situación que describen las firmas ——1—— una relación entre formación superior y demanda laboral llena de desajustes. Esta reflexión llega en ——2—— debate sobre la reforma de las titulaciones españolas y de los modelos de enseñanza para ——3—— a la futura educación superior común europea. Las mayores insuficiencias con las que salen al mercado los titulados superiores son, en opinión de la mayoría de las empresas españolas, la —— 4 —— de formación práctica, de capacidad para funciones directivas, de aptitudes ——5—— comunicarse eficazmente, de manejo de los idiomas y de preparación para trabajar en equipo. —— 6 —— lo refleja un estudio realizado por la Fundación Conocimiento y Desarrollo (CYD) entre 404 empresas para averiguar, entre ——7—— cuestiones, en —— 8 —— medida los titulados universitarios cuentan con aptitudes suficientes en 12 aspectos básicos. El asunto que ha recibido un mayor porcentaje de puntuaciones negativas ha sido la formación práctica.

En —— 9 ——, los aspectos en los que las firmas consideran que los graduados ——10 —— mejor preparados son los conocimientos teóricos, la aptitud para aprender, la informática y las nuevas tecnologías, y la capacidad de análisis. Pero el criterio de las empresas ——11—— las principales aptitudes que deben reunir los titulados para acceder al mundo laboral no coincide con las capacidades que éstos adquieren en las aulas universitarias, ——12—— aprecian las compañías consultadas. La competencia que las firmas ——13—— más relevante es la aptitud para trabajar en equipo, ——14—— de la formación práctica, la motivación para el trabajo, la capacidad para resolver problemas, la capacidad para aprender y el dominio de los idiomas.

La encuesta ha sido realizada en el segundo trimestre de 2004 con el objetivo de analizar la opinión de las entidades sobre la Universidad. ——15—— de la conexión empresa-universidad, el informe revela que sólo un tercio de las compañías ha utilizado los servicios universitarios para incorporar titulados y que menos de la mitad tiene alguna relación con ——16—— centros educativos. Y es que una de ——17—— tres compañías opina que la Universidad no ejerce el papel de motor de desarrollo económico. Pero, ——18—— otra parte, casi el 90% opina que la Universidad debería favorecer la creación de empresas de base tecnológica y el 87% piensa que se deberían potenciar las estancias de profesores en empresas y de trabajadores en universidades. Un último aspecto completa el cuadro de la situación: sólo el 8% de las empresas ha recurrido a la Universidad a la hora de diseñar cursos de formación a ——19—— para sus empleados y un porcentaje también muy bajo lo ha hecho para contratar cursos en general. Los encargan mayoritariamente a un departamento de la ——20—— firma y, en segundo lugar, a organizaciones o colegios profesionales.

Fragmento de elpais.es, 24 de febrero de 2005.

Opciones

1.	a. es	b. señala	c. refleja
2.	a. pleno	b. medio	c. un
3.	a. integrarlos	b. adaptarlos	c. introducirlos
4.	a. carencia	b. imposibilidad	c. necesidad
5.	a. con	b. para	c. por
6.	a. Aún	b. Así	c. Tanto
7.	a. muchas	b. algunas	c. otras
8.	a. cuál	b. qué	c. cuánta
9.	a. cambio	b. contra	c. contrario
10.	a. son	b. parecen	c. están
11.	a. sobre	b. en	c. de
12.	a. según	b. como	c. que
13.	a. interpretan	b. valoran	c. consideran
14.	a. además	b. seguida	c. encima
15.	a. Relativo	b. Acerca	c. Respecto
16.	a. unos	b. algunos	c. estos
17.	a. las	b. estas	c. cada
18.	a. de	b. por	c. en
19.	a. gusto	b. medida	c. propósito
20.	a. misma	b. otra	c. propia

Sección 2: Selección múltiple
EJERCICIO 1

En cada una de las frases siguientes se ha marcado con letra negrita un fragmento. Elija, de entre las tres opciones de respuesta, aquella que tenga un significado equivalente al del fragmento marcado.

Por ejemplo:

Me han **prestado** esta pluma y la tengo que devolver.

a) dejado
b) regalado
c) entregado

La respuesta correcta es la a.

---

21. - ¿A quién has visitado en Barcelona?
    - A mis **parientes**.

    a) tíos
    b) padres
    c) familiares

22. - ¿Por qué me recomiendas invertir en el negocio inmobiliario?
    - Porque tiene grandes **beneficios**.

    a) ganancias
    b) ventajas
    c) bienes

23. - ¿Eres muy amigo suyo?
    - No, casi no **me trato** con él.

    a) no lo considero
    b) no me relaciono
    c) no lo aprecio

24. - ¿Qué carácter tiene?
    - **Mira** a los demás **por encima del hombro**.

    a) es atrevido
    b) es engreído
    c) es ambicioso

25. - ¿Por qué dejó el trabajo?
    - No **aguantaba** a su jefe.

    a) entendía
    b) soportaba
    c) aceptaba

26. - ¿Cómo tardan tanto en salir?
    - **Se están arreglando** para ir a la fiesta.

    a) se están vistiendo y peinando
    b) se están lavando
    c) se están despertando

27. - ¿Por qué está tan contaminado ese río?
    - Porque las industrias vierten **desechos** industriales.

    a) basura
    b) productos
    c) líquidos

28. - Por favor, ¿puedo hacerle una **encuesta** sobre el cine español?
    - Bueno, si son pocas preguntas.

    a) entrevista
    b) cuestionario
    c) examen

29. - ¿Qué es lo que no te gusta de su carácter?
    - Es muy **grosero**.

    a) maleducado
    b) reservado
    c) gordo

30. - ¿Cómo fue su boda?
    - Por todo lo alto, **tiró la casa por la ventana**.

    a) fue espectacular
    b) gastó más de lo que podía
    c) fue muy divertida

EJERCICIO 2

Complete las frases siguientes con el término adecuado de los dos o cuatro que se le ofrecen:

31. - ¿Qué opinas de esa película?
    - No me gustó mucho, no _____ muy entretenida.
    a) es
    b) está

32. -¿Qué ha sido de Javier?
    - Pues estudió Medicina, pero _____ de camarero en un bar de copas.
    a) es
    b) está

33.- ¿Qué precio tienen los tomates?
    - Hoy _____ a cuatro euros el kilo.
    a) son
    b) están

34. - ¿Qué problema tiene tu coche?
    - No anda, seguro que ___ estropeado.
    a) es
    b) está

35. - ¿Por qué le dieron el Nobel a Fleming?
    - Porque _____ la penicilina.
    a) descubría
    b) descubrió

36. - ¿No te dijeron que la reunión se canceló?
    - La verdad, no _____ nada.
    a) sabía
    b) supe

37. – ¿Este trabajo es muy urgente?
    - Sí, lo quiero _____ mañana como muy tarde.
    a) para
    b) por

38. - ¡Qué valor tiene María!
    - Sí, siempre lo hace todo _____ los demás.
    a) para
    b) por

39. - ¿Has encontrado algún viaje barato?
    - Por desgracia, no he encontrado _____ que merezca la pena.

    a) ningún
    b) ninguno

40. - ¿Qué quieres comer?
    - Me da igual, tomaré _____ cosa.

    a) cualquier
    b) cualquiera

41. - ¿Le gustó a Elena el regalo?
    - Creo que no, pero a _____ les gustó fue a sus hermanos.

    a) que
    b) cuales
    c) quienes
    d) cuyos

42. - ¿Se lo contaste a Juan y Pedro?
    - No, no les dije nada _____ no se asustaran.

    a) porque
    b) para que
    c) puesto que
    d) ahora que

43. - ¿Te resulta difícil aprender español?
    - No es que sea difícil, _____ no tengo tiempo.

    a) sino que
    b) pero que
    c) sin embargo
    d) por eso

44. - ¿Qué debo hacer con el coche?
    - Debes repararlo _____ te deje tirado.

    a) antes de que
    b) antes que
    c) hasta que
    d) mientras

45. - ¿Cuándo vas a ir de vacaciones?
    - _____ haga los exámenes, me iré al Caribe.

    a) Después
    b) En cuanto
    c) Cuando
    d) Luego

46. - ¿Cómo vas a pagar tus deudas?
   - No sé, pero ___ alguna manera conseguiré el dinero.

   a) de
   b) en
   c) por
   d) hasta

47. – Vamos a hacer una fiesta para los compañeros.
   - Pues no contéis ____ Javier. Está muy ocupado.

   a) por
   b) de
   c) con
   d) a

48. - ¿Cómo vienes a clase?
   - Yo siempre vengo ____ metro.

   a) por
   b) en
   c) con
   d) a

49. - ¿Puedo hablar con el jefe?
   - Mejor otro día. Hoy está ____ muy mal humor.

   a) en
   b) con
   c) de
   d) a

50. - ¡Qué raro está Manuel!
   - Se ha enamorado ____ una compañera.

   a) de
   b) con
   c) por
   d) en

Diploma de Español como Lengua Extranjera.
Nivel Intermedio

Modelo de examen

2

Adoptar y, sorpresa, parir a la vez.

María no pesa mucho, pero su cuerpo menudo tiene fuerza. Se agarra a mi cuello con sus pequeños bracitos. Sus manos son minúsculas, como corresponde a un bebé de quince meses. Por fin está en mis brazos. Según van entregando al resto de niñas a sus nuevos padres, los gritos y los lloros de todas ellas resuenan en la sala.

Los mellizos, Virginia y Gonzalo, son pequeñitos. Han nacido con poco más de dos kilos. Mi nombre suena en la megafonía del hospital Gregorio Marañón de Madrid. Me piden que pase a una determinada sala. Allí, un médico que ha visto el pánico reflejado en mi cara, me tranquiliza y me dice que la madre está recuperándose de la anestesia y que todo ha salido bien. Y sin tiempo casi para poder respirar me entrega dos cunitas donde duermen plácidamente los bebés.

Estos dos momentos están separados por sólo un mes. Quién me iba a decir estos años atrás que cuando llegara ese momento iba a cambiar de tal manera mi vida.

El caso de María es el final de un proceso de adopción internacional que ha durado dos años. En ese tiempo nos hemos tenido que enfrentar a situaciones críticas porque la adopción en España requiere muchos trámites hasta que consigues el objetivo. Hay que pasar informes médicos, laborales, psicológicos y sociales. Te analizan al detalle todos los momentos de tu vida. Hay que rellenar formularios, asistir a cursillos de preparación, cumplimentar muchos informes y, al final, los tienes que entregar todos traducidos. Y, por supuesto, aguantar la espera y vivir con la incertidumbre de cuándo y quién será nuestra hija o hijo.

Los mellizos llegaban después de pasar numerosos momentos de angustia con los diferentes tratamientos que no habían dado resultado. Pero esta vez, cuando ya estábamos relajados, tranquilos, porque si no había hijos biológicos estaba en camino el adoptado, nos vimos sorprendidos por un embarazo que cuidamos desde el primer momento con mimo.

Ahora, cuando ya ha pasado todo y contamos nuestro caso, nos vamos enterando de que también a otras muchas parejas les ha ocurrido lo mismo.

Texto adaptado, *elmundo.es*, 23 de enero de 2005.

Preguntas

1 **Según el texto, María es una hija adoptada.**

a. Verdadero ☐
b. Falso ☐

2 **En el texto se dice que la mujer del narrador ha dado a luz a un par de mellizos.**

a. Verdadero ☐
b. Falso ☐

3 **Según el texto, el proceso de adopción es sencillo.**

a. Verdadero ☐
b. Falso ☐

Redacción

Redacte una carta de 150–200 palabras (15–20 líneas).
Escoja sólo una de las opciones que se le proponen.
Comience y termine la carta como si fuera real.

Opciones

Opción 1

Usted ha leído en una revista una carta escrita por un lector que aboga por que las obras de arte se devuelvan a los países donde se crearon. Esto afectaría a innumerables obras de todas las épocas, desde las momias egipcias del Museo Británico de Londres a muchos cuadros del museo del Prado. Escriba un texto mostrando su opinión al respecto. En él deberá:

- Declararse a favor o en contra de la medida propuesta en la carta.
- Señalar argumentos que apoyen su postura.
- Dar ejemplos de obras de arte que no están en su país de origen.
- Anticipar posibles objeciones a su postura.

Opción 2

Un regalo es una buena forma de mostrar nuestra estima por alguien. Pero algunos regalos son un tanto inesperados. Escriba una anécdota, real o inventada, sobre un regalo inesperado o extraño que recibió. En este texto deberá:

- Describir la situación, el motivo del regalo y las personas que protagonizan los hechos.
- Narrar cómo recibió el regalo.
- Describir el regalo.
- Describir cómo se sintió y cómo reaccionó.

Lugares para la luna de miel.

A continuación oirá una grabación sobre destinos turísticos.

(Texto adaptado, *Lugares para la luna de miel*, Graciela Squillaro.)

Preguntas

1 **En la grabación se dice que se pueden encontrar reductos alejados en medio de las montañas en:**

a. Las Bahamas ☐
b. Puerto Rico ☐
c. Cancún ☐

2 **Según la grabación, los clientes del Parador Villa Luz pueden disfrutar de:**

a. La belleza de la selva ☐
b. La tranquilidad de las montañas ☐
c. Los baños termales ☐

3 **En la grabación se dice que la modalidad que brinda lo mejor en todos los aspectos por un mismo precio es:**

a. La modalidad "todo incluido" ☐
b. La modalidad popular ☐
c. Los circuitos turísticos ☐

Sección 1: Texto incompleto

Complete el siguiente texto eligiendo para cada uno de los huecos una de las tres opciones que se le ofrecen.

Oficinas con riesgos

Entre ordenadores y moquetas acechan peligros sutiles que con el paso del tiempo acaban por ——1—— factura. Más de la mitad de los españoles que trabajan en ——2—— oficina tiene problemas posturales y un 7% termina pidiendo la baja por ese motivo. El dolor de espalda y el estrés son las primeras causas de ——3—— laboral en España, y, en la mayor parte de los casos, son enfermedades incubadas y desarrolladas —— 4 —— las cuatro paredes de la oficina.

Mobiliario inapropiado, mala iluminación, —— 5 —— de frío o de calor, humo de tabaco, desorganización en el trabajo, cadenas injustas de exigencias, abuso de poder u objetivos —— 6 —— son algunas de las ——7—— de vida de aquellos que se la pasan en una oficina. El sedentarismo en la mayoría de los actuales puestos de trabajo y los picos de producción que cada —— 8 —— tiempo desencadenan explosiones de ansiedad y estrés en jefes y subordinados son otras de las —— 9 —— del problema.

Una lenta agonía para la espalda. La dependencia actual ——10 —— los ordenadores obliga a pasar horas en una postura poco natural ——11—— a una pantalla y un teclado, con la espalda, el cuello, los brazos y las piernas en tensión. ——12—— estimaciones de la Organización Mundial de la Salud, un 30% de los puestos de trabajo en los países occidentales conlleva ——13 —— posturales. Los empresarios, responsables según la Ley de Prevención de Riesgos Laborales de "——14 —— el puesto de trabajo a la persona", empiezan a interesarse por temas ergonómicos. La silla ——15—— ser de altura regulable, giratoria y con respaldo abatible, y la mesa, —— 16 —— grande. El empleado ha de evitar malas posturas, que desembocan en contracturas de los músculos del cuello y dolores de espalda. Para no sufrirlos conviene acordarse de cambiar de postura y de actividad con frecuencia. No se pierde nada —— 17—— levantarse, darse una vuelta por la oficina y moverse un poco, y se gana mucho. El exceso de horas delante de una pantalla encendida se paga. La vista se irrita y, con los brillos y reflejos, puede acabar en quemazón, escozor, visión borrosa, dolores de cabeza o vista cansada: ——18—— que se engloban en el síndrome ocular del ordenador. Como rezan los carteles del Ministerio de Trabajo: "Si descansas diez minutos cada dos horas, lo verás todo más claro". —— 19—— más sencillo y eficaz que parar y cambiar de campo visual. Un remedio que, sin embargo, —— 20 —— se pone en práctica.

Fragmento de elpais.es - 27 de febrero de 2005.

Opciones

1.	a. pasar	b. cobrar	c. presentar
2.	a. alguna	b. una	c. cualquier
3.	a. baja	b. fracaso	c. tensión
4.	a. desde	b. adentro	c. entre
5.	a. sobra	b. aumento	c. exceso
6.	a. inalcanzables	b. incomprensibles	c. imprevisibles
7.	a. situaciones	b. condiciones	c. características
8.	a. determinado	b. algún	c. cierto
9.	a. manifestaciones	b. realidades	c. posibilidades
10.	a. en	b. a	c. de
11.	a. frente	b. hacia	c. enfrente
12.	a. Para	b. Como	c. Según
13.	a. lesiones	b. riesgos	c. peligros
14.	a. adoptar	b. adaptar	c. integrar
15.	a. puede	b. debe	c. suele
16.	a. suficientemente	b. convenientemente	c. adecuadamente
17.	a. al	b. sin	c. por
18.	a. síntomas	b. problemas	c. enfermedades
19.	a. Lo	b. Nada	c. El
20.	a. apenas	b. ahora	c. casi

Sección 2: Selección múltiple
EJERCICIO 1

Instrucciones

En cada una de las frases siguientes se ha marcado con letra negrita un fragmento. Elija, de entre las tres opciones de respuesta, aquella que tenga un significado equivalente al del fragmento marcado.

Por ejemplo:

Fue **detenido** por conducir borracho.

   a) parado
   b) arrestado
   c) registrado

La respuesta correcta es la b.

___

21. - ¿Qué te parece Amadeo?
     - **Está como una cabra.**

   a) Está loco
   b) Es muy raro
   c) No hay quien lo entienda

22. - ¿Por qué no soportas a José?
     - Porque **habla por los codos**.

   a) Habla muy bajo
   b) No para de hablar
   c) Habla de forma muy rara

23. - ¿Cómo ha vuelto el niño del colegio?
     - Está **hecho una sopa**.

   a) Está muy mojado
   b) Tiene mucho calor
   c) Está enfadado

24. - Qué te molesta de Jaime?
     - **Tiene mucha cara.**

   a) Es muy tímido
   b) Es un sinvergüenza
   c) Es muy simpático

25. - ¿Por qué lo echaron de su trabajo?
    - **No daba un palo al agua**.

    a) Era conflictivo
    b) Era un incompetente
    c) Era un vago

26. - ¿Te sorprendió el espectáculo?
    - **En la vida** había visto una cosa así.

    a) Jamás
    b) Muchas veces
    c) Algo insólito

27. - ¿Qué te parece el nuevo programa del ordenador?
    - Lo he leído varias veces y la verdad es que **no me aclaro**.

    a) No es claro
    b) No me gusta
    c) No lo entiendo

28. - ¿Y el nuevo trabajo?
    - Madrugo mucho, **¡qué lata!**

    a) Esfuerzo
    b) Sacrificio
    c) Fastidio

29. - ¿Qué pasó?
    - Pues **sin venir a cuento** empezó a meterse con todo el mundo.

    a) Sin educación
    b) Sin motivo
    c) Sin consideración

30. - Voy a protestar: me han cobrado por un servicio mal hecho.
    - Haces bien, que no te **tomen el pelo**.

    a) Que no te humillen
    b) Que no te estafen
    c) Que no te confundan

Instrucciones

Complete las frases siguientes con el término adecuado de los dos o cuatro que se le ofrecen:

31. -¿Cuánto pollo hay que comprar?
    - Por lo menos cuatro kilos: _____ diez.

    a) somos
    b) estamos

32. -¿Qué ha sido de Javier?
    - Creo que _____ enfermo.

    a) es
    b) está

33. - ¿Qué le pasa a Enriqueta?
    - _____ triste porque se ha muerto su abuelo.

    a) es
    b) está

34. - ¿Qué te parece este problema de Matemáticas?
    - No me sale, _____ muy difícil.

    a) es
    b) está

35. - ¿Por qué no viniste a clase?
    - _____ enfermo.

    a) Estaba
    b) Estuve

36. - ¿Qué te pareció la conferencia?
    - La verdad, no me_____ de nada.

    a) enteré
    b) enteraba

37. – ¿Te salieron baratos los langostinos?
    - No mucho, los compré _____ quince euros.

    a) para
    b) por

38. - ¿Qué opinas del precio de la vivienda?
    - El gobierno no tiene solución _____ ese problema.

    a) para
    b) por

39. - He cambiado de trabajo.
    - Que te _____ bien.

    a) fuera
    b) vaya

40. - ¿Me dejas solo en casa?
    - Sí, no llames a _____.

    a) nadie
    b) alguien

41. - ¿Cuándo vendrá Ana?
    - No la esperes, tardará mucho ___ llegar.

    a) en
    b) por
    c) a
    d) de

42. - ¿Con qué frecuencia tomas la medicina?
    - Las primeras semanas tres veces ___ día.

    a) en un
    b) a un
    c) al
    d) en el

43. - ¿Cuándo le pagarás a tu abogado?
    - Cuando ___ .

    a) podré
    b) haya podido
    c) pudiera
    d) pueda

44. - ¿Qué te comentó?
    - Dijo que tres años antes ya _____ en Granada.

    a) estaría
    b) estuviera
    c) había estado
    d) ha estado

45. - ¿Qué te recomendó el médico?
    - Que _____ de fumar cuanto antes.

   a) dejaría
   b) dejara
   c) deje
   d) dejaré

46. - ¿Le has contado lo que sucedió el jueves?
    - Ya _____ he dicho.

   a) se le
   b) se lo
   c) lo
   d) le

47. – ¿Quieres algo más?
- No, ya es suficiente. Gracias ___ todo.

   a) por
   b) de
   c) para
   d) a

48. - No sabía que arreglases televisores.
    - Siempre me _____ la electrónica.

   a) encanta
   b) ha encantado
   c) había encantado
   d) encantaba

49. - ¿Qué vas a hacer?
    - Me lo voy a comprar _____ me quede sin dinero.

   a) aunque
   b) porque
   c) si
   d) pues

50. - ¡Qué diferentes son las dos hermanas!
    - No tienen _____ en común.

   a) algo
   b) todo
   c) nada
   d) poco

Diploma de Español como Lengua Extranjera.
Nivel Intermedio

Modelo de examen

3

El sufrimiento de Frida Kahlo

La feria de arte Arco de este año está dedicada a México. Felicidades por elegir un grandioso país. Porque de México me interesa todo, este año visitaré Arco pronto y con ilusión renovada. En el *stand* institucional de México me han dicho que puede verse el grandioso cuadro de Frida Kahlo: *Las dos Fridas*. Sólo por ver esta obra merece la pena visitar Arco. Frida Kahlo es una artista genial del siglo XX. Para bien y para mal, nadie puede dejar de ver a Kahlo como hija de la revolución mexicana, incluso alguien alteró su fecha de nacimiento de 1907 a 1910 para justificar que Frida y el México moderno habían nacido juntos. La pintura fue su pasión.

La obra de Frida Kahlo es un enigma. Es de una sinceridad sobrecogedora. También ella es todo un ejemplo de afirmación de la vida. Impedida desde los once años, sin embargo le ganó la partida a la poliomielitis. Rota a los diecisiete por un horroroso accidente: fue atravesada por un tubo metálico del vehículo en el que viajaba. Sin embargo, se sobrepuso. La vida triunfó sin estridencias. La desgracia fue siempre su acicate. La desdicha consiguió ganarle a la muerte mil partidas. Hasta que un día, el 13 de julio de 1954, la muerte se la llevó. Gracias a su trágica voluntad sublimó y transformó en arte sus terribles sufrimientos.

La muerte jamás cesó de acecharla, a veces incluso la buscó a través del suicidio, pero siempre logró burlarla, pintando, retratando su vida y el panorama del México moderno. Prolongó su edad hasta los cuarenta y siete años. Esa fue su audacia. Pintó siguiendo el modelo del arte popular mexicano. Kahlo se vincula del modo más natural a ese arte humilde y sin pretensiones que pinta en pequeñas láminas de metal y maderas, parecidas a nuestras estampitas, el milagro con que algún Santo, Virgen, o el mismo Dios, ha hecho bien a una o varias personas. Sinceridad y expresión directa son los lazos entre esos retablitos y la perfecta ejecución de los cuadros de Frida. Creó un universo propio y autosuficiente sin deudas con los pintores de su tiempo. Ni siquiera el arte de Diego Rivera penetró en ese universo.

Vida trágica. Vida influenciada por la fidelidad a dos destinos, dos tradiciones, que se unen en su infinito amor a la vida: surrealismo onírico y disciplina académica.

Texto adaptado, *Agapito Maestre.*

Preguntas

1 **Según el texto, el hecho de que Frida Kahlo sea hija de la Revolución mexicana:**

a. no es conocido por nadie. ☐
b. es incontestable. ☐
c. tiene más ventajas que desventajas. ☐

2 **El texto presenta las desgracias que sufrió Frida Kahlo:**

a. como obstáculos para su arte. ☐
b. como algo demasiado horroroso para recordar. ☐
c. como prueba de la voluntad de superación de la pintora. ☐

3 **Según el texto, el arte de Frida Kahlo no es precisamente:**

a. pretencioso y artificial. ☐
b. independiente y original. ☐
c. humilde y popular. ☐

Carta al director

Instrucciones

Redacte una carta de 150–200 palabras (15–20 líneas).
Escoja sólo una de las opciones que se le proponen.
Comience y termine la carta como si fuera real.

Opciones

Opción 1

Tras pasar quince días en un campamento de verano en Querétaro, México, lee usted en un periódico un artículo en el que se critica el campamento donde estuvo. Usted no está de acuerdo con el artículo. Escriba una carta al mismo periódico. En ella debe:

- Referirse a partes del artículo que afirman cosas que no son ciertas.
- Corregir la información que considera errónea.
- Contar brevemente su experiencia en el campamento.
- Pedir que el periódico publique una rectificación.

Opción 2

Usted forma parte de una organización solidaria que trabaja por integrar a los niños de un barrio marginal. La organización prepara una campaña para reclutar más voluntarios y reunir fondos. Escriba una carta para la prensa. En ella debe:

- Explicar brevemente qué actuaciones propone la organización para el barrio.
- Describir la situación de dicho barrio y sus problemas.
- Explicar qué clase de voluntarios hacen falta y lo que tendrían que hacer.
- Pedir a los lectores que colaboren con su tiempo o con donativos, explicando cómo hacer llegar estos.

Bebé robado en el carnaval

A continuación escuchará un texto sobre la desaparición de un bebé.

Preguntas

1 **En la grabación se dice que el bebé dormía al lado de un coche.**

a. Verdadero ☐
b. Falso ☐

2 **Según la grabación el bebé apareció en otra ciudad.**

a. Verdadero ☐
b. Falso ☐

3 **En la grabación se dice que la madre ha sido procesada.**

a. Verdadero ☐
b. Falso ☐

Sección 1: Texto incompleto

Complete el siguiente texto eligiendo para cada uno de los huecos una de las tres opciones que se le ofrecen.

Ecología: ¿y yo qué puedo hacer?

En nuestra vida cotidiana tomamos continuamente decisiones que producen un impacto ambiental. A pequeña escala, cierto. Pero ya lo dijo el político y filósofo inglés Edmund Burke: "El mayor error lo comete ——1—— no hace nada porque sólo podría hacer un poco". Al ——2——, los grandes números son el resultado de una suma de pequeños números. En estas líneas hemos ——3—— algunos ejemplos de cosas sencillas que cualquier persona puede acometer. Son ——4—— que ayudarán a convertirnos en ciudadanos responsables con el entorno. Nadie debe dar la batalla ——5—— perdida: este planeta aún tiene remedio.

Utilice la bici y el transporte público. Cada 20.000 kilómetros recorridos en coche aportan más ——6—— tres toneladas de CO_2 a la atmósfera. Esos ——7—— kilómetros realizados en transporte público suponen ——8—— drásticamente la proporción de este valor por pasajero transportado. Y si se pueden hacer en bicicleta, conseguiremos además mantenernos ——9—— forma. Es cierto que utilizar el transporte público no siempre es posible ——10—— práctico. En España hay miles de urbanizaciones y polígonos industriales por los que no pasa ni una simple ——11—— de autobús. Por eso es muy importante que los ciudadanos reclamemos con firmeza este tipo de servicios a las administraciones locales y regionales. A partir de aquí, vale la pena que pensemos si nuestra movilidad es sensata, si podemos prescindir del coche en ——12—— trayectos.

Disminuya sus emisiones de CO_2. Nuestra sociedad se ——13—— en el uso masivo de combustibles fósiles (petróleo, gas natural y carbón) que nos proporcionan la energía necesaria para hacer cualquier cosa, desde mover un vehículo hasta ——14—— una bombilla. Pero al quemar estos combustibles se produce dióxido de carbono (CO_2), un gas ——15—— el principal responsable del calentamiento de la Tierra. Reducir el consumo de energía es la mejor manera de luchar ——16—— el cambio climático. La iniciativa Cero CO_2 explica ——17—— hacerlo. Al entrar en su web podemos calcular cuántas emisiones producimos ——18—— nuestros consumos. Cero CO_2 proporciona un montón de consejos prácticos, desde el uso de electrodomésticos eficientes hasta el aislamiento adecuado de nuestra casa. Sorprende comprobar cómo pueden conseguirse ahorros importantes ——19—— con programar bien la lavadora o la nevera. Y controlando la climatización, que suele ser la mayor fuente de ——20—— en el hogar. El Instituto para la Diversificación y el Ahorro Energético, IDAE ofrece información muy práctica para mejorar la eficiencia térmica de las viviendas.

Fragmento de *El País Semanal*, 27 de febrero de 2005.

Opciones

1.	a. quien	b. cual	c. que
2.	a. cabo	b. final	c. revés
3.	a. argumentado	b. superado	c. recopilado
4.	a. hipótesis	b. propuestas	c. respuestas
5.	a. como	b. por	c. para
6.	a. que	b. de	c. del
7.	a. mismos	b. iguales	c. idénticos
8.	a. aumentar	b. reducir	c. mejorar
9.	a. a	b. con	c. en
10.	a. o	b. ni	c. y
11.	a. vía	b. parada	c. línea
12.	a. muchos	b. pocos	c. algunos
13.	a. basa	b. apoya	c. inclina
14.	a. encender	b. conectar	c. enchufar
15.	a. culpado	b. considerado	c. entendido
16.	a. para	b. ante	c. contra
17.	a. que	b. cómo	c. cuánto
18.	a. teniendo	b. qué	c. según
19.	a. sólo	b. si	c. haciendo
20.	a. problemas	b. preocupación	c. gasto

Sección 2: Selección múltiple
EJERCICIO 1

Instrucciones

En cada una de las frases siguientes se ha marcado con letra negrita un fragmento. Elija, de entre las tres opciones de respuesta, aquella que tenga un significado equivalente al del fragmento marcado.

Por ejemplo:

Le **echaron en cara** su comportamiento.

a) lamentaron
b) comentaron
c) reprocharon

La respuesta correcta es la c.

---

21. - ¿Qué te parece ese actor?
    - **Está como un tren.**

a) Es muy gordo
b) Es muy rápido
c) Es muy guapo

22. - ¿Cómo es la nueva directora?
    - Es una chica **encantadora**.

a) Es mágica
b) Es muy mentirosa
c) Es muy amable

23. - ¿Quedaste con ellos?
    - Sí, pero me **dieron plantón**.

a) Me dieron una planta muy grande
b) No se presentaron
c) Me dieron un disgusto

24. - Qué libro lees?
    - Un tratado de Economía, es un **rollo**.

a) Es muy complicado
b) Es un libro largo
c) Es muy aburrido

25.- ¿Tu novia es muy joven?
 - **Me lleva** tres años.

 a) Es tres años mayor que yo
 b) Es tres años más joven que yo
 c) Hace tres años que somos novios

26. - ¿Para cuándo quieres el trabajo?
 - Para el lunes **sin falta**.

 a) El lunes tiene que estar perfecto
 b) No se puede retrasar del lunes
 c) Tiene que estar antes del lunes

27. -¿Cómo son los hijos de tu hermano?
 - Están todo el día **dando la lata**.

 a) Son muy cariñosos
 b) Molestan mucho
 c) Juegan mucho

28. - ¿Sabes que me tocó la lotería?
 - **¡No me digas!**

 a) Rechazo
 b) Sorpresa
 c) Incredulidad

29. - Si no llueve, ¿para qué el paraguas?
 - **Por si las moscas.**

 a) Por si acaso
 b) Por supuesto
 c) Por obligación

30. - ¿Se casó con su novio de siempre?
 - Sí, pero **a los tres meses** se divorció.

 a) Tres meses después de casarse
 b) El divorcio tardó tres meses
 c) Hace tres meses

EJERCICIO 2

Complete las frases siguientes con el término adecuado de los cuatro que se le ofrecen:

31. - ¿Vas a ir al teatro?
    - No me gusta. Aunque me _____ la entrada, no iré.

    a) regalan
    b) regalen
    c) regalarán
    d) regalarían

32. - Cuando llegué a la estación, el tren ya _____.
    - Hay que ser más puntual, hombre.

    a) se fue
    b) se iba
    c) se había ido
    d) se ha ido

33. - ¿Cuándo vas a terminar tu trabajo?
    - No lo sé, lo haré cuando _____ menos agobiado.

    a) está
    b) esté
    c) estaré
    d) habré estado

34. - ¡Qué raro que él no haya llegado!
    - Pues a mí me aseguró que _____ a las tres en punto.

    a) estaría
    b) estará
    c) esté
    d) haya estado

35. - ¿Qué vas a hacer con el piso?
    - Si _____ dinero, lo arreglaría.

    a) tengo
    b) tendría
    c) tuviera
    d) hubiera tenido

36. - ¿Por qué te fuiste del baile?
    - Es que no _____ a nadie.

    a) conocí
    b) conocía
    c) había conocido
    d) he conocido

37. - ¿No encuentras raro a Luis?
    - A lo mejor ya _____ que Marisa sale con otro.

    a) sepa
    b) ha sabido
    c) supiera
    d) sabe

38. - ¿De qué hablaste con ella?
    - Pues ____ conté la película.

    a) la
    b) le
    c) se
    d) se la

39. - ¿Qué tengo que hacer?
    - Habla con Ana y _____ cuentas.

    a) se la
    b) se le
    c) se lo
    d) lo

40. ¿Necesitas el ordenador?
    - Sí, por favor. _____.

    a) Déjamelo
    b) Déjamele
    c) Déjalo
    d) Déjale

41.- ¿Quieres más tarta?
    - No, gracias. Ya _____ bastante.

    a) comí
    b) comía
    c) coma
    d) he comido

42. - ¿Qué opina, doctor?
    - Como no haga ejercicio, no _____.

    a) adelgace
    b) adelgazará
    c) habrá adelgazado
    d) adelgazara

43. - Camarero, ¿qué ___ recomienda hoy?
    - La merluza, está exquisita.

    a) os
    b) los
    c) nos
    d) les

44. - ¿Le duele la cabeza?
   - No, _____ me molesta es la espalda.

   a) el que
   b) que
   c) la que
   d) lo que

45. - ¿Has montado alguna vez en globo?
   - No, pero ¡cuánto me _____!

   a) gusta
   b) gustaría
   c) gustara
   d) guste

46. - ¿Quién es ese hombre?
   - Es el más rico _____ pueblo.

   a) en el
   b) del
   c) que el
   d) por el

47. - ¿Cuánto tiempo llevas esperando el autobús?
   - _____ media hora.

   a) Estoy
   b) Tengo
   c) Paso
   d) Llevo

48. – Feliz año. ¿Qué tal las ventas de estas navidades?
   - Esta temporada no _____ muy buena.

   a) ha sido
   b) es
   c) será
   d) sea

49. - ¿Qué tal tu nuevo coche?
   - No está mal, pero no es tan bueno _____ el que tenía antes.

   a) que
   b) cuanto
   c) de
   d) como

50. ¿Le digo algo a tu padre?
   - No, no le _____ la noticia.

   a) comentaras
   b) hayas comentado
   c) comentarás
   d) comentes